L'ART MODERNE

(1500–1800)

ESSAIS ET ESQUISSES

906-12. — Coulommiers. Imp. PAUL BRODARD. — 11-12.

HENRY LEMONNIER

L'ART MODERNE

(1500-1800)

ESSAIS ET ESQUISSES

OUVRAGE ILLUSTRÉ
DE 22 GRAVURES TIRÉES HORS TEXTE

PARIS

LIBRAIRIE HACHETTE ET Cie

79, BOULEVARD SAINT-GERMAIN, 79

1912

A MES ANCIENS

ÉLÈVES ET AUDITEURS

L'ART MODERNE

ESSAIS ET ESQUISSES

(1500-1800)

LES

ORIGINES DES TEMPS MODERNES
ET LA RENAISSANCE[1]

Je me propose d'étudier l'histoire de la France et de l'Italie à l'époque de la Renaissance, en m'attachant plus particulièrement à la période des guerres d'Italie proprement dites, qui commencent avec Fornoue et se terminent avec Marignan.

Nous y rencontrerons non seulement la politique et les guerres, mais aussi les arts et les

---

1. Extrait de la leçon d'ouverture du cours d'histoire moderne à la Sorbonne, décembre 1889 (*Rev. internat. de l'enseignement*, janvier 1890).

lettres. Je ne veux pas me défendre d'avoir été séduit à l'avance par ce côté de mon sujet, mais j'y vois surtout l'occasion d'essayer une méthode; car si je crois que l'étude des arts et des lettres ajoute quelque chose à la culture de notre esprit, je pense au moins autant qu'elle fait partie essentielle de l'histoire. Elle offre un instrument précieux pour l'intelligence du passé, puisque les arts et les lettres sont un élément de ce passé lui-même. Il faut donc s'efforcer de montrer la pénétration et l'action réciproque des faits et des idées, et il n'y a pas de raison pour séparer l'exposé des événements de celui de la civilisation; c'est au contraire leur réunion qui constitue l'histoire intégrale.

Pour appliquer ces idées au sujet que je vais traiter, pour saisir l'intérêt des événements, pour en peser les conséquences, il faut commencer par connaître l'état de l'Europe au XIVe et au XVe siècle; il faut, en un mot, aborder la redoutable question des caractères et des origines de la Renaissance.

Qu'est-ce que la Renaissance? Comment s'est formé le monde moderne? Tel est le problème qui s'impose en ce moment à l'attention des historiens. Je voudrais essayer ici d'en marquer exactement les termes.

Nous n'en sommes plus au temps où le moyen
âge était considéré comme une époque d'ignorance et de barbarie. La cause du moyen âge est
aujourd'hui gagnée, et personne n'ignore que le
XIIe siècle et le XIIIe ont eu leur grandeur matérielle, intellectuelle et morale. La Renaissance n'a
donc pas été le réveil des lettres et des arts, elle
n'en a été que la rénovation. On a également
renoncé à croire qu'elle ait commencé brusque-
ment, comme par un coup de surprise, en 1453.
On sait qu'elle fut préparée en Italie par un long
travail, et qu'il faut remonter peut-être aux premières années du XIVe siècle pour en trouver les
débuts.

Mais toutes les questions ne sont pas résolues
par là : on n'est pas encore fixé sur le sens et la
portée des événements qui s'accomplirent en
Europe, aux XIVe et XVe siècles, et sur la part à
faire aux différents peuples dans l'œuvre qui a
préparé les sociétés nouvelles.

La Renaissance italienne a été tellement éclatante, elle s'est tellement emparée des esprits que
tout ce qui était en dehors d'elle a été relégué
dans l'obscurité. Il s'en est suivi que pendant
longtemps l'Italie seule a été étudiée ; les autres
pays ont été jugés à peine dignes d'attention. A
force de les ignorer, on a presque fini par se

persuader qu'ils n'avaient pas existé. Et l'on pourrait généraliser l'observation faite par le marquis de Laborde sur un point spécial : « Les historiens, dit-il, ont nié l'activité des artistes (flamands), faute de retrouver leurs œuvres; d'autres, demandant leurs renseignements aux livres, ont déclaré qu'il n'y avait pas d'arts, parce qu'ils ne trouvaient pas leur histoire toute faite et toute imprimée. »

En outre, on a vu dans la rénovation des lettres et des arts le point de départ unique de l'ère moderne, et l'on est resté indifférent à tous les progrès qui ne les avaient point pour objet.

On a donc été amené à dire que, si le moyen âge a été grand et glorieux jusqu'à la fin du XIIIe siècle, il a été incapable, à partir de cette époque, de se maintenir et de se renouveler par lui-même. Le XIVe et le XVe siècle ont été considérés comme une époque de décadence et d'infécondité, sauf en Italie, et c'est par l'antiquité seule que le monde a paru transformé et restauré.

Il faut revenir de ces idées, il faut élargir la théorie historique. Quelle que soit l'importance des œuvres de la littérature et de l'art, quelque admiration qu'on éprouve pour celles que la Renaissance a produites, on doit reconnaître que ni les lettres ni les arts ne sauraient suffire à la vie d'un peuple et qu'elles ne composent qu'une partie de l'histoire. La formation de la nationalité, la constitution d'un gouvernement, la création d'institutions sociales, l'introduction et le développement des inventions qui aident aux progrès matériels et rendent l'existence plus facile ou plus active, les croyances enfin tiennent dans l'ensemble de la civilisation une place qui, pour être moins éclatante, n'en est pas moins grande.

Voilà tout ce qu'il faut étudier pour comprendre les différences qui séparent l'Europe du xvie siècle de celle du xiiie siècle; dès lors on arrive à constater qu'une large part doit être attribuée aux peuples du Nord dans la formation du monde moderne, et que nous sommes les héritiers du moyen âge autant que de l'antiquité.

Deux faits me paraissent dominer l'étude des xive et xve siècles. Pendant cet espace de deux cents ans environ, l'unité, morale et intellectuelle de l'Europe s'est rompue, et il y a eu deux civilisations : l'une, celle des pays du Nord, France, Angleterre, Flandre, Allemagne, l'autre, celle de l'Italie. Toutes deux ont leur grandeur propre, mais la première dérive du moyen âge et a trouvé surtout en elle les conditions de son développement ou de ses transformations ; la seconde est née de la résurrection de l'antiquité et elle a abouti à une réaction contre le moyen âge.

C'est la Flandre et les contrées immédiatement voisines qu'il faut considérer comme le centre de la civilisation septentrionale. On a souvent dit à quel degré de prospérité arrivèrent des villes comme Bruges, Gand, Louvain ; on n'a peut-être pas assez montré qu'il ne manque à leur histoire qu'une chose : c'est d'avoir trouvé à cette époque un historien de génie. Elles n'ont pas eu, comme les cités italiennes, leurs contemporaines, un Villani ou un Machiavel. Nous en savons cependant assez sur le développement de leur industrie et de leur commerce pour affirmer qu'ils allaient de pair avec l'industrie et le commerce de la Péninsule. La Méditerranée appartenait à Gênes, à Florence, à Venise, mais la Baltique et la mer du Nord étaient à la Hanse teutonique et aux villes affiliées. Le reste de l'Europe et l'Atlantique se partageaient entre les deux puissances concurrentes.

J'emprunte à l'ouvrage de Janssen, *L'Allemagne avant la Réforme*, le tableau suivant du commerce de Danzig : « Dès le commencement du xve siècle, cette ville s'était frayé des voies particulières en Lithuanie, en Pologne, en Hongrie. A Lisbonne,

ses vaisseaux importaient du bois, de la farine,
de la bière; ils en exportaient du sel, de l'huile,
des figues, des oranges, des vins fins. En 1474,
soixante-douze vaisseaux de Danzig abordèrent en
Bretagne, et cinquante et un de ses navires mouil-
lèrent à la fois à l'embouchure de la Vistule.
Danzig envoyait souvent en Angleterre nombre
de vaisseaux chargés de blé. Ses marchands
apportaient à la Flandre différentes espèces de
bois et de céréales, et en rapportaient, surtout de
Bruges, *centre commercial de tous les peuples*, les
produits variés de l'industrie universelle. »

On a souvent parlé du luxe italien, Burckhardt,
dans son livre classique, a écrit que l'âge d'or
des fêtes ne commence qu'avec le triomphe de
l'esprit moderne en Italie. Je me demande ce
qu'il fait des cérémonies décrites par les chroniqueurs flamands ou bourguignons et s'il a pensé
aux cortèges que Paris vit défiler, à l'entrée de
l'empereur Charles IV ou de la reine Isabeau de
Bavière.

Il faut toujours en revenir à l'observation faite
par le marquis de Laborde; tout ce qui touche
aux temps qui précèdent la Renaissance a tellement disparu par l'effet des destructions volon-
taires ou involontaires, qu'un certain effort d'esprit est nécessaire pour reconstruire ce passé.

« Plus nous étendons nos recherches, dit un historien belge, et plus nous acquérons la certitude de la destruction dans les Flandres d'une immense quantité d'œuvres d'art par les iconoclastes du XVIe siècle, puis par l'abandon, la vétusté[1]. »

Et cependant Bruges, Gand, Louvain offrent assez de débris de leur splendeur pour qu'on puisse juger de ce qu'elle dut être par ce qu'il en reste encore. Entourons seulement par la pensée leurs monuments de tous ceux qui complétaient le décor ou la physionomie de la ville ; réunissons dans les églises les œuvres éparses de la peinture et de la sculpture. Figurons-nous, comme à Gand, les rues couvertes, à certaines heures de la journée, de milliers de tisserands s'avançant en longues files, ou, comme à Bruges, les comptoirs des négociants remplis des marchandises de tous les royaumes européens ou étrangers, et nous nous dirons sans doute que, pour être différentes des cités italiennes, les villes flamandes n'offraient pas un spectacle moins animé ou moins grandiose.

A cela s'ajoute un esprit particulier, une façon

---

1. On n'oubliera pas que ceci a été écrit bien avant les expositions des Primitifs français et flamands à Paris et à Bruges en 1904 et 1906.

spéciale de voir, de penser et de sentir, qui mérite d'attirer notre attention. Un Flamand ou un Français du XIVe et du XVe siècle avait renoncé à quelques-unes des idées qui, deux cents ans plus tôt, entraînaient les âmes. La vie lui apparaissait autrement : elle consistait dans l'action dont le but est rapproché et le résultat pratique ; il n'en avait pas moins un idéal, mais qui n'était ni celui des hommes qui l'avaient précédé, ni celui des hommes qui vinrent après lui. Il le mettait dans sa foi, restée forte et sincère, bien qu'elle se fût rétrécie, dans l'amour de sa famille, de sa maison, de sa ville natale, dans les traditions et dans les souvenirs au milieu desquels il avait grandi. Il avait ainsi le sentiment très puissant de son individualité, une originalité qui tenait à l'accord de son tempérament avec celui de sa race ; il ne faisait qu'un, pour ainsi dire, avec le sol lui-même.

C'est par là que les Flamands introduisirent dans l'art ce qu'on a appelé justement le réalisme, bien que ce mot réponde en partie seulement à la tendance qu'il veut exprimer. La peinture et la sculpture des Pays-Bas ne doivent qu'à elles seules cette inspiration qui a fait leur force, et qui consiste à trouver dans l'art, non pas l'expression des idées générales, mais celle de la vie et des sentiments intimes d'un peuple. Courajod, qui a démontré l'importance de l'art flamand dans l'histoire générale des arts, a fort bien mis en lumière le caractère de vérité et de sincérité qu'il présente. Il faut se pénétrer de ces idées pour comprendre le génie des Van Eyck et de leurs disciples ou celui d'un Claus Sluter, et pour sentir ce que nous devons encore à ces maîtres du passé.

Ils ont, en tout cas, un mérite précieux, c'est de nous transporter immédiatement dans le temps où ils vécurent, de nous sortir de l'abstraction historique, pour nous plonger dans la réalité qu'ils saisirent si fortement. Ils ont peint (eux et les artistes du Nord) non pas un paysage, mais « leur pays, leurs arbres, leurs rivières » ; non pas des édifices, mais leur maison, leur église, leur beffroi ; non pas l'homme, mais le bourgeois de Bruges, de Gand, et ils ont rendu avec une simplicité et une intensité admirables le sentiment religieux propre à leur race et à leur époque.

C'est qu'en effet le christianisme a pris et gardé dans les pays du Nord un caractère particulier. La théologie y a peut-être été subtile, disputeuse, la foi s'y est mêlée de superstition, mais le peuple a conservé très vivace sa croyance, et il y a mêlé quelque chose d'humble, de tendre, de convaincu et de confiant. On lui appliquerait volontiers ces vers, dont un évêque allemand avait fait sa maxime favorite :

> Ne te laisse pas ébranler dans ta foi,
> Crois purement, simplement
> Ce que lá Sainte Église t'enseigne.
> Ne te laisse pas prendre aux doctrines subtiles
> Que ton intelligence ne peut comprendre.

Ou cette description de la célébration du dimanche, empruntée par Janssen à un auteur du temps : « Le père s'est rendu à la messe avec tout son petit peuple. Ensuite, assis en sa maison avec sa femme, ses enfants et son petit peuple, il leur demande ce qu'ils ont retenu du sermon. Il les questionne sur les dix commandements de Dieu, le *Pater*, le *Credo*. Il fait ensuite apporter quelque chose à boire, puis il chante avec tous les siens un beau cantique à la louange de Dieu, de Notre-Dame et des chers saints du Paradis, et il se réjouit en Dieu, avec tout son petit monde. »

Il ne faut pas négliger cette inspiration, car, pour peu qu'elle s'élève, elle produit un livre comme l'*Imitation de Jésus-Christ*, destinée, suivant la remarque de Burckhardt lui-même, à vivre des siècles, pendant que le Midi voit naître des hommes qui produisent par l'éclat de leur parole une impression extraordinaire, mais momentanée. Cet attachement particulier des peuples du Nord à ce christianisme simple et primitif contribuera précisément à préparer la Réforme, la seule force du XVIᵉ siècle qui ait été capable d'agir en face de la Renaissance.

Enfin c'est dans le Nord qu'a été créée l'organisation politique et sociale moderne. La constitution des grands États est l'œuvre des temps que nous étudions en ce moment, et c'est la France qui, la première, a établi, avec le principe d'unité territoriale et de nationalité, celui du pouvoir absolu. Ce dernier procède bien moins du droit romain que du système créé par les Capétiens et développé par eux à leur profit. L'esprit de liberté publique, tel qu'on l'observe en Angleterre avec le Parlement, ou en France avec les États généraux (si précaire qu'ait été leur existence), tel enfin qu'il a triomphé de nos jours, appartient en propre à des nations européennes qui n'allaient pas encore chercher dans l'antiquité la raison d'être de leurs aspirations.

On pourra cependant se demander si cette civilisation était capable de se renouveler et susceptible de progrès. La réponse se trouve en partie dans les développements qui précèdent, mais il faut aller plus loin et constater que l'esprit de recherche et de découverte paraît avoir été de tout temps, comme de nos jours, propre aux peuples du Nord plutôt qu'à ceux du Midi. Il y a deux inventions du xve siècle dont on ne saurait à coup sûr leur contester le mérite : la peinture à l'huile et l'imprimerie.

On ne doit pas craindre d'insister sur l'invention de la peinture à l'huile, alors qu'il est question de la Renaissance où l'art tient une si grande place, car elle a contribué à la formation et à l'évolution de la peinture moderne; elle lui a donné des caractères nouveaux, en la dégageant de la décoration monumentale d'un côté, de l'enluminure des manuscrits de l'autre. En outre, les Van Eyck, qui appliquèrent les premiers le procédé, s'ils ne l'imaginèrent pas, atteignirent immédiatement dans l'exécution une supériorité artistique aussi bien que matérielle. Nombre d'artistes, même Italiens, vinrent se former à leur école et rapportèrent jusque dans la Péninsule le fruit de leurs leçons.

L'invention de la gravure doit être également mise à l'actif de la Flandre ou de l'Allemagne et non pas de l'Italie.

Quant à l'imprimerie, que la gloire de la découverte soit attribuée à Laurent Coster ou à Gutenberg, la lutte ne se trouve engagée qu'entre la

Hollande et l'Allemagne, et l'Italie ni, j'imagine, l'antiquité n'ont rien à en revendiquer. Bien plus, certains humanistes purs se montrèrent d'abord disposés à tourner en dérision cette découverte, « née, disaient-ils, chez les Barbares, dans une ville d'Allemagne ». A vrai dire, l'imprimerie, prise en elle seule, n'est qu'un instrument ; mais qui pourra dire à quel point elle a aidé à l'essor de la Renaissance elle-même ! S'il y a quelque exagération à penser avec un chroniqueur que « par la seule invention de l'imprimerie, les Allemands ont été les plus grands bienfaiteurs de l'humanité », il n'y en a peut-être point à reconnaître qu'ils se sont placés parmi les promoteurs des temps nouveaux.

Le grand événement qui ferme le XVe siècle, la découverte de l'Amérique, est embarrassant quand il s'agit d'en déterminer les causes et d'y faire la part qui revient à chacun des peuples. Burckhardt s'en est tiré par un paradoxe : « Le véritable auteur de la découverte n'est pas celui que le hasard conduit le premier sur tel ou tel point, c'est celui qui cherche et trouve... Aussi les Italiens seront-ils toujours, vers la fin du moyen âge, les explorateurs par excellence. » Je ne crois pas qu'on puisse accepter ces idées. Les Vénitiens ou les Génois auraient mérité de faire les découvertes nouvelles; cette gloire était due à leur génie maritime, à leur esprit d'entreprise, à leur ardeur d'investigation; mais ils ne les « cherchèrent » pas et ne pouvaient le faire, car leur situation les tournait fatalement vers l'Orient, non vers l'Occident.

En réalité, les voyages de Barthélemy Diaz, de Vasco de Gama, celui de Christophe Colomb, sont le résultat de l'essor général de l'Europe, et lorsque ce dernier entreprit son expédition atlantique, il s'inspirait à la fois des traditions vagues ou des connaissances de l'antiquité, des conseils reçus de Nuremberg autant que de Florence, des exemples des Portugais et de l'entraînement qui poussait l'Europe à sortir d'elle-même.

Ainsi, quand nous retraçons par la pensée le tableau de l'Europe centrale et septentrionale dans la seconde moitié du XVe siècle, elle nous apparaît composée à peu près des États qui seront les États modernes, en possession d'une forme de gouvernement et d'institutions qui lui sont propres, d'une industrie et d'un commerce qui assurent sa prospérité, d'un art original, d'une croyance; elle a donné au monde deux grandes inventions; elle a mis en œuvre, comme l'Italie, les découvertes venues d'Orient : la poudre à canon, la boussole, le papier.

Y a-t-il exagération à dire que les temps modernes étaient bien proches et que le monde du moyen âge s'était déjà renouvelé en partie sans le secours de l'antiquité?

Cependant quelque chose manquait à cette civilisation. Elle n'avait pas de littérature au sens le plus élevé du mot, c'est-à-dire de doctrine capable de diriger la pensée. La scolastique du moyen âge n'avait réussi à constituer ni une philosophie, ni une érudition. Le génie poétique s'était énervé, hors d'état de trouver son inspiration dans le passé qui disparaissait et dans l'avenir encore incertain. On rencontre bien, au XIVe et au XVe siècle, des œuvres, et quelques-unes ont de la valeur. Froissart, Charles d'Orléans, Villon, Comines sont des écrivains ou d'une originalité vive, ou d'une grâce délicate, ou d'une grande portée d'esprit. Mais presque tous les autres, et ils sont nombreux, sont prodigieusement insipides ou indifférents.

Au reste, la question est ailleurs. Ce que le XVe siècle ne connaissait pas et ce qu'il semblait incapable de connaître, livré à lui seul, c'était d'abord le sentiment de la culture désintéressée de l'esprit, puis le souci de la forme, de la proportion, de l'harmonie, du juste accord entre la pensée et l'expression, du style en un mot. Il ne se traçait pas de règles, il n'observait pas de dogme intellectuel. Dans ses mœurs comme dans ses écrits, il n'avait pas toujours le sens de la délicatesse ni celui de la convenance. Il s'abandonnait à ses instincts : c'était à la fois sa force et sa faiblesse.

Ces principes, il allait les recevoir d'ailleurs, et il les dut à l'Italie.

Pendant que l'état de choses dont j'ai résumé les grands traits se produisait dans le centre et le nord de l'Europe, une autre œuvre s'accomplissait en Italie; œuvre bien différente, car elle était fondée avant tout sur le retour à l'antiquité, elle y cherchait les conditions de la vie et du perfectionnement, elle réagissait en définitive contre le moyen âge lui-même. Un pareil mouvement ne pouvait se produire qu'en Italie, car ce pays n'avait jamais appartenu sans réserve à l'unité du moyen âge; il y occupe une place à part. Il avait accepté la féodalité ou l'art gothique, un peu à la façon dont les peuples de l'Empire avaient jadis reçu les Barbares, en hôtes établis sur le sol, mais demeurés étrangers. Le retour au passé était en somme d'accord avec le génie de la race et avec son histoire.

Rien de plus beau, rien de plus attrayant que l'histoire des villes italiennes, particulièrement de Florence, au XIVe et au XVe siècle. Tout y est réuni de ce qui fait la grandeur historique ou séduit l'imagination : une prospérité sans égale, une incroyable activité matérielle et intellectuelle, l'éclat des lettres et des arts, l'ardeur même des luttes politiques et les épisodes dramatiques qui les accompagnent. Les Florentins sont, à coup sûr, le peuple qui a le plus vécu. On leur appliquerait volontiers le portrait que Voltaire fait de Laurent de Médicis dans l'*Essai sur les mœurs :* « C'était, dit-il, une chose aussi admirable qu'éloignée de nos mœurs de voir ce citoyen, qui faisait toujours le commerce, vendre d'une main les denrées du Levant et soutenir de l'autre le fardeau de la République, entretenir des facteurs et recevoir des ambassadeurs; résister au pape, faire la paix et la guerre, être l'oracle des princes; cultiver les belles-lettres, donner des spectacles au peuple et accueillir tous les savants chassés de Constantinople. »

La ville comptait au XVe siècle 90 000 habitants, vivant presque tous de l'industrie et du commerce, sa puissance d'exportation était assez forte pour alimenter en partie le négoce de Venise. En 1423, le doge Mocenigo, étendu sur son lit de mort, traçait, comme un testament suprême pour les hauts fonctionnaires qui l'écoutaient, le tableau des richesses et de l'activité de Venise, de ses rapports avec les nations voisines, et il disait en parlant de Florence : « Vous savez que les Florentins nous envoient chaque année 16 000 pièces de drap, que nous écoulons dans la Barbarie, en Égypte, en Syrie; ils nous livrent en outre des articles de toute sorte, dont la valeur s'élève à 70 000 ducats par mois, ce qui fait 840 000 ducats par an, et ils nous achètent en échange des laines de France et de Catalogne, des draps cramoisis, des laines cardées, de la soie, des pierreries. » Il n'indiquait là qu'une partie du trafic des Florentins. On ne s'étonne pas qu'ils aient pu, au XIVe et au XVe siècle, rebâtir leur ville de fond en comble, la couvrir d'édifices grandioses, en faire, comme sans effort, un musée d'art incomparable.

Quant à Venise, si le souvenir de sa grandeur politique et commerciale est devenu presque légendaire, c'est tout récemment peut-être qu'on a entrevu quelles étaient les causes de sa splendeur et en quoi consistaient les caractères véritables de son génie et de sa civilisation.

C'est à la faveur de cette prospérité et de cette activité que s'opéra à Florence et en Italie un mouvement de littérature et d'art, qui se continua sans interruption pendant plus de deux siècles. Rien de plus complexe, rien de plus varié que l'art italien de cette époque, et voilà un caractère qui le sépare de la Flandre; en voici un autre : il n'a pas autant qu'en Flandre l'accent d'intimité; même quand il est réaliste, et il l'est souvent, il s'étend jusqu'à la généralisation, tandis que l'art flamand reste essentiellement local. Il me semble qu'on détermine assez facilement en quoi consiste le génie des Van Eyck : on en trouve vite ce que Taine a appelé la *faculté maîtresse;* mais pour juger des hommes comme Giotto, Donatello, Brunellesco, Mantegna et tant d'autres, une seule expression ne suffit pas, leur génie est au moins double. Si nous mettons à part Dante, qui est exceptionnel, ces mêmes caractères se retrouvent, mais à un moindre degré, dans la littérature.

Le retour au passé, telle me paraît être la caractéristique de l'histoire de l'Italie, à travers les incertitudes de la pensée, la complexité et la diversité des œuvres des écrivains et des artistes, les mouvements en apparence contradictoires. M. Gebhart l'a très bien dit (pour l'époque postérieure à Dante) : « L'âge chevaleresque ne lui inspirait aucune grande œuvre originale: toute sa vie intellectuelle se portait du côté de l'antiquité latine et du droit romain. » Ce qu'Edgar Quinet écrit de Pétrarque est vrai du peuple italien au temps qui nous occupe : « L'antiquité s'interpose toujours entre son siècle et lui. »

Dès le XIVe siècle, on voit combien la préoccupation de la Grèce et de Rome s'impose à tous les esprits. C'est sur les ruines des Thermes de Dioclétien que Pétrarque va parler d'histoire avec son ami Colonna et qu'il retourne vers le passé. « S'il rencontre une procession de femmes allant en pèlerinage, il écrit aussitôt qu'il lui semble être dans la société des Cecilia Metella, des Tullie, des Lucrèce. » La langue latine, selon lui, est la seule que parlera l'avenir.

Boccace pense aussi que l'effort de l'art et de la poésie doit être la résurrection de l'antiquité ; s'il commence à aimer la poésie, c'est en face du tombeau de Virgile. Il se vante d'avoir le premier rappelé en Toscane les œuvres d'Homère, d'avoir été le premier entre les Latins à entendre lire l'*Iliade*, et lorsqu'il ouvre, dans l'église de Sainte-Marie-des-Fleurs, son commentaire de Dante, « il adresse une prière demi-chrétienne, demi-païenne, au Jupiter tout-puissant de Virgile. » S'il s'agit d'habituer les Florentins à pratiquer l'éloquence publique, « un de leurs compatriotes fixe les règles de l'invention, de la déclamation, du geste et du maintien, telles que les anciens les avaient conçues. »

La vie politique comme la vie privée se modèle sur les pensées ou les habitudes des Latins. Les conjurations sont entreprises en étudiant le *Catilina* de Salluste, et l'on s'exerce même à reproduire le langage de l'écrivain. S'il faut en croire son biographe, le Florentin Niccoli voulait que, même dans les objets extérieurs, tout lui rappelât l'antiquité : il se drapait dans un vêtement flottant et c'était, paraît-il, un charme de le voir manger à la façon antique.

Aussi le Pogge en vient-il plus tard à regretter que Dante ait composé son poème en italien, Machiavel, qui était cependant un homme d'action, entreprend de ressusciter la légion, le casque, le bouclier romain, en face de l'artillerie moderne, et de montrer au monde ce que peuvent les institutions antiques. Ce sont ses expressions. Les choses en arriveront à ce point que, pendant le siège de Sienne en 1526, un chanoine lancera contre les ennemis, après avoir dit une messe, une formule d'anathème dont il a emprunté le texte à Macrobe.

Ainsi, dès le xve siècle, l'humanisme était destiné à triompher. Ses interprètes formaient un parti puissant, actif, convaincu; ils possédaient l'avantage d'une doctrine arrêtée. Ils n'avaient qu'à la prendre toute faite dans l'antiquité et à la transporter de toutes pièces dans la littérature ou dans l'art de leur temps, qui ne pouvaient lui opposer que des instincts, des sentiments ou des aspirations.

Les rapports entre le Nord et le Sud avant le XVIe siècle furent fréquents de l'Italie à l'Allemagne, ils ne se multiplièrent pas moins entre la Flandre et la Péninsule. Le commerce fut leur raison d'être et le véhicule de la civilisation, ce qui devrait lui assurer dans l'histoire une place qu'il n'a pas toujours. Le point d'attache était Venise. Dès le XIVe siècle, des services réguliers de courriers fonctionnaient entre cette ville, Danzig et Hambourg. De ces relations naquirent des relations intellectuelles, qui se développèrent surtout dans la seconde moitié du XVe siècle. Du reste, les Allemands et les Flamands n'allèrent pas seulement en Italie pour s'instruire; ils y furent appelés pour concourir à certaines créations de l'art, et bien des édifices furent ainsi élevés à Florence, à Orvieto, à Sienne, par ces étrangers, que plus tard on devait traiter de barbares.

Mais on n'en était pas encore à l'intolérance du XVIe siècle; on ne croyait pas encore, comme Rabelais, que le Nord « fût enveloppé d'un brouillard gothique et plus que cimmérien ». Il serait intéressant de retrouver les témoignages de l'estime professée par l'Italie du XVe siècle pour la pensée septentrionale. Le peintre et graveur allemand Schöngauer était en intimité de correspondance avec le Pérugin, les contemporains les mettaient l'un et l'autre au même rang dans leur estime. Nous avons déjà vu que les Van Eyck avaient eu pour élèves des Italiens. En 1485 encore, à l'époque de Mantegna et de Vinci, Santi, le père de Raphaël, s'exprimait ainsi dans une pièce de vers : « A Bruges fut loué entre tous le grand Jean (Jean Van Eyck), son disciple Roger (Roger Van der Weyden), avec tant d'autres doués d'un mérite élevé. » D'un autre côté, la culture allemande et flamande se pénétrait de la pensée italienne, en essayant de la concilier avec ses traditions et sa foi.

Ces emprunts réciproques n'altéraient pas le fond de l'originalité des deux peuples. Il ne peut exister de civilisation, si individuelle qu'elle soit, qui se maintienne isolée et sans contact avec les autres. C'est une loi semblable à celle des échanges économiques.

Dans cette revue générale, nous avons peu

parlé de la France; il ne faut pas, en effet, qu'un faux patriotisme nous entraîne à donner à notre pays une place qu'il n'a pas eue à ce moment. A partir du XIVe siècle, il cessa d'imprimer l'impulsion au reste de l'Europe, il la reçut plutôt d'elle. Ce ralentissement de son activité intellectuelle s'explique assez par l'effet de la guerre de Cent ans pour qu'il soit inutile d'insister. Entre les deux civilisations qui pouvaient se disputer l'influence, il se tourna d'abord et pendant longtemps vers la Flandre. Les Pays-Bas nous fournirent un grand nombre d'écrivains, depuis Froissart jusqu'à Comines, et renouvelèrent chez nous certaines parties de l'art gothique, en y introduisant le réalisme. Les leçons de Courajod à l'École du Louvre ont démontré le fait — en l'exagérant peut-être un peu — et en ont indiqué la portée. Quand la Flandre eut été réunie à la Bourgogne et qu'un prince de la famille royale régna à la fois à Dijon et à Bruges, l'influence du Nord s'en augmenta d'autant.

Nous n'étions pas cependant sans entretenir des relations avec l'Italie; un grand nombre de négociants lombards ou florentins étaient établis à Paris; ils y occupaient une position très en vue par leur fortune, par leur science des affaires, par les services de toute sorte qu'ils rendaient aux rois ou aux courtisans. En outre, des alliances de famille existaient entre les membres de la dynastie des Valois et des princes italiens, tels que les Visconti. Malgré cela, la part de la Péninsule dans la littérature et dans l'art français est bien difficile à déterminer; elle fut pendant longtemps secondaire.

Sous le règne de Charles V et au commencement de celui de Charles VI, la France, délivrée des Anglais, avait repris ses traditions intellectuelles avec une rapidité et une ardeur qui témoignent plus qu'on ne l'a dit de sa vitalité. Elle semblait destinée à absorber le génie flamand et à faire fructifier les premiers germes de l'humanisme.

Que serait-il arrivé si ce mouvement, auquel présidaient les Valois, avait pu continuer? L'Italie n'était pas encore engagée sans réserve dans la voie de l'antiquité; la Flandre était à l'apogée de sa grandeur, puisque c'est le temps des Van Eyck et de Sluter; l'esprit du moyen âge n'était pas éteint. Qui sait si notre pays n'eût pas joué le rôle de modérateur, si la conciliation ne se fût pas opérée sous ses auspices entre le présent et le passé?

Mais, en 1415, la guerre recommença avec l'Angleterre, et la France, que les discordes civiles avaient déjà affaiblie, faillit périr. Notre activité intellectuelle fut ainsi comprimée et presque anéantie pour près de quarante ans. Rien de plus saisissant que d'observer, dans le détail, les effets des événements politiques; ce sont les châteaux royaux appauvris, les collections amassées par Charles V, par Louis d'Orléans, par le duc de Berry, les livres, les tapisseries, les objets d'art, qui se dispersent aux quatre coins de l'Europe : on retrouve aujourd'hui, même en Danemark, des manuscrits de la Bibliothèque du Louvre. On a été jusqu'à constater, car les minuties parfois sont probantes, l'amaigrissement et l'abâtardissement de l'écriture pendant ces années de luttes et de ravages.

C'est donc en dehors de nous que se poursuivit la marche de la civilisation. Dès que la guerre eut cessé, nous n'y demeurâmes pas étrangers : nos écoles de miniaturistes, de peintres, de sculpteurs, se reformèrent, elles trouvèrent en partie leur guide dans l'art bourguignon, mais elles ne furent pas complètement indifférentes à ce qui se passait en Italie; dès le milieu du xvᵉ siècle, nous eûmes au moins un grand artiste, Jean Fouquet, avant ceux mêmes de la fin du siècle[1]. Notre sculpture et notre architecture produisirent des œuvres charmantes.

1. Révélés par l'exposition des Primitifs.

Il n'y avait donc rien, absolument rien de la grossièreté qu'on a trop supposée chez la génération de Louis XI et de Charles VIII; mais il n'y avait rien non plus de ce qu'il faut pour conduire les autres peuples et pour garder, en face d'une civilisation éclatante comme celle de l'Italie, le sentiment très fort de sa propre valeur et de son individualité.

Aussi, lorsque les Français passèrent les Alpes avec Charles VIII, ils furent du premier coup conquis par le spectacle qu'ils eurent sous les yeux. Leur enthousiasme fut très vif, pas toujours très clairvoyant; ils l'exprimèrent avec maladresse. Ils admirèrent peut-être plus Naples que Florence; le luxe extérieur les frappa autant que les arts. Cependant leur instinct ne les trompa point, car ils virent avant tout en Italie la résurrection de l'antiquité. Par là, bien plus encore que par la supériorité d'un art où Raphaël et Michel-Ange ne s'étaient pas encore révélés, ils se sentirent différents des péninsulaires et ils se crurent inférieurs. L'antique, l'antiquaille, comme on disait alors, voilà ce qu'on demande aux artistes nationaux ou étrangers; la littérature se modèle sur les œuvres et la langue des latins, on sait avec quelle exagération et quelle gaucherie à cette époque de transition.

MINIATURE DU LIVRE D'HEURES D'ANNE DE BRETAGNE.

PLANCHE I.

Les guerres d'Italie ne marquent donc pas seulement le moment où commença pour la Péninsule un long et douloureux asservissement, et où notre pays fut engagé dans une politique qui influa pendant longtemps sur ses destinées; elles détermineront aussi l'époque où une direction nouvelle fut donnée aux intelligences.

La Renaissance, en effet, ne passa pas seulement en France, elle se répandit dans le reste de l'Europe: nous avons vu ce qu'elle y trouvait et nous pouvons entrevoir ce qu'elle y apportait.

Elle n'a pas modifié le principe du gouvernement ni les institutions sociales; elle n'a pas changé les croyances; mais elle a tout pénétré d'un esprit particulier; elle a absorbé à son profit les inventions des siècles antérieurs : l'imprimerie n'a plus servi qu'à exprimer ses idées; la gravure et la peinture, sa conception du beau.

En somme, elle a restauré le culte des lettres classiques; elle a reconstitué le patrimoine de l'antiquité; elle a donné à l'intelligence le sentiment de la règle, de la forme, du style; elle a introduit une façon particulière de concevoir et de réaliser le beau. Si elle n'a pas créé l'idéal, car le moyen âge a eu le sien, elle l'a renouvelé et déplacé. Elle l'a mis en partie dans l'union étroite de la perfection plastique et de l'expression intellectuelle, et sa devise pourrait être dans ces belles paroles de Michel-Ange : « Mes yeux avides de la beauté, mon âme de son salut, n'ont d'autre vertu pour monter au ciel que de contempler les belles formes. »

Pourtant, n'étendons pas trop ces idées et, dans leur application au moins, faisons une différence entre les pays. Si la Renaissance triompha sans réserve en France, elle ne fut pas sans rencontrer ailleurs des résistances : elle ne s'empara pas complètement des peuples qui avaient une civilisation très personnelle ou un tempérament très original. Ni en Flandre, ni en Angleterre, ni en Allemagne, ni en Espagne, elle ne fit disparaître entièrement le vieux fonds d'instincts et de sentiments natifs. Après un temps d'incertitude, la littérature y reprit son indépendance; l'art ne l'avait jamais complètement perdue.

Mais en France, au bout de cinquante ans, la séparation avec le passé fut complète. Nos ancêtres n'eurent plus de regards que pour l'antiquité et l'Italie; non seulement notre art du moyen âge fut méconnu et calomnié, notre poésie méprisée; ce qui est plus grave, les traditions nationales furent abandonnées; on s'efforça de ne plus être soi-même.

On a souvent parlé du cosmopolitisme de la
Renaissance. Comme elle était avant tout l'expression d'idées abstraites, elle ne heurtait les sentiments particuliers d'aucun peuple. Il en était de
cela comme de la langue latine qu'elle employa
et qui se superposait pour ainsi dire à la langue
locale. Mais la contre-partie de cette observation,
c'est que, si la culture s'est étendue en surface,
elle a cessé de pénétrer en profondeur. La Renaissance a créé partout quelque chose comme deux
classes d'hommes, celles des lettrés et des non
lettrés, qui, réunis par la communauté des intérêts matériels, furent séparés par la diversité des
préoccupations intellectuelles et cessèrent presque
de se comprendre. Le fait est frappant, surtout
peut-être en France.

Un pareil résultat a eu, je crois, une grande
importance dans notre histoire. Sans méconnaître
la valeur des idées empruntées à l'Italie et à
l'antiquité, il faut regretter cette rupture, aussi
bien que l'oubli de notre passé, dont le XVIe siècle,
moins équitable que le nôtre, a donné le premier
exemple.

UN CHRONIQUEUR FRANÇAIS EN ITALIE
AU TEMPS DE LOUIS XII.

JEAN D'AUTON (1499-1508).

Les écrivains de génie annoncent ou préparent
les temps qui vont venir, les écrivains médiocres
révèlent quelque chose de leur propre temps.
S'ils méritent à ce compte d'intéresser l'histoire,
personne ne le mérite plus que Jean d'Auton ; car
il est instructif autant qu'il fut médiocre, bien
qu'il ait écrit des vers goûtés de ses contemporains et qu'il ait été choisi pour historiographe
par Louis XII.

La chronique qu'il rédigea officiellement et qui
donne le récit des événements compris entre les
années 1499-1508, fut présentée manuscrite au
Roi ; elle fut imprimée en partie au xvii° siècle
sous le titre inexact de *Histoire de Louis XII, roi
de France, père du peuple ;* la dernière édition en

a été publiée par M. de Maulde pour la société de l'Histoire de France[1].

Jean d'Auton dut naître en Saintonge entre 1465 et 1470 ; il vint à la cour vers 1500, fut un moment chapelain en même temps qu'historiographe du Roi. Pourvu de l'abbaye d'Angle en Poitou, dont il prit le titre (abbé d'Angle), il mourut en 1528. On vantait, paraît-il, son austérité, son humilité, sa « conscience timoreuse ». Cela assure au chroniqueur quelque créance.

Ce fut un détestable versificateur (on ne pourra jamais se décider à le nommer poète), qui a tous les défauts des rhétoriqueurs de son temps. On serait inexcusable de parler de lui autrement que pour retrouver en ses écrits un peu du spectacle de l'époque.

Et d'abord l'esprit de la première Renaissance. Les écrivains et aussi les artistes de la génération de Jean d'Auton se rattachent à la fois au passé du moyen âge par l'éducation première, et à la Renaissance par une seconde et postérieure éducation. Ils arrivèrent à l'âge d'homme au moment où, avec l'expédition de Charles VIII en 1494, la France se mettait passionnément à l'école de l'Italie ou de l'antiquité. Tout le monde voulait

1. *Chroniques de Louis XII*, par Jean d'Auton, 4 vol. in-8°, 1889-1895.

des « antiquailles », des articles de Florence ou de Venise. On les apportait, on les envoyait pêle-mêle à pleins chariots : des manuscrits, des bustes anciens, des marqueteries, des tableaux et aussi des gants de Toscane ou des parfums fabriqués à Rome.

En même temps on voulait des artistes, encore plus peut-être des écrivains, de ces hommes qui parlaient une langue si douce, qui savaient si bien louer. C'était par excellence l'art de l'Italie. Le superlatif y avait toutes sortes de mièvreries pour complimenter.

Mais chez nous les artistes et les écrivains étrangers à l'Italie furent longtemps embarrassés pour exprimer des idées dont ils ne pénétraient pas le sens intime. De même que les premiers ne voyaient les héros, les dieux ou les déesses de l'antiquité qu'au travers des types qu'ils avaient sous les yeux, les seconds ne prenaient de l'antiquité que des mots et restaient tout à fait étrangers à son esprit.

Souvent déconcertante et un peu ridicule à nos yeux devenus exercés, cette libre interprétation peut gagner aussi par cette inexpérience même un air de vie familière, un sentiment de la nature pittoresque, qui lui donne un grand charme. Les exemples les plus significatifs et les plus séduisants se rencontrent chez Lemaire de Belges qui, au commencement du XVIe siècle, raconta dans une prose poétique toute la légende de Troie, que l'on rattachait alors aux origines gauloises.

Il faut s'y arrêter, car on y trouve autant l'explication de l'art que de la littérature de l'époque et l'esthétique instinctive appliquée par une génération entière, en France comme en dehors de France.

Dans cette espèce d'encyclopédie, où il fait intervenir toute l'antiquité, il n'a pas manqué de donner à sa façon le récit du jugement de Pâris. Le héros troyen devient naturellement un berger du temps. « Mercure choisit de prime face le beau pasteur Pâris Alexandre, au fons de la vallée de Mésaulon, adossé contre un grand rocher creux et concave, bien tapissé par dedans d'herbes et de mousse et par dehors bien revêtu de divers arbrisseaux. Et tout alentour du berger ses chèvres broutans les branchettes des arbres, ses berbisettes et ses taureaux paissant l'herbe menue, espesse et drue. Et au plus près de lui, les gardes de son troupeau, cest assavoir ses bons chiens mastins. Si s'estoit Pâris naguère desjuné d'un peu de pain avec des dates et des fraiches meures qu'il avoit cueilli sous les arbres prochains. Et

séoit oiseux à la frescheur du roc, duquel soudoit
la belle fontaine Creusa [1]. »

Les déesses paraissent devant lui; elles sont
bien modernisées. Après Junon et Minerve, voici
Vénus. « La très belle déesse Vénus avoit ses
précieux habillemens tissuz de la main de ses
nymphes appellées Grâces ou Charites. Sa cotte
intérieure estoit d'un vert gay comme l'herbette
du printemps vernal. La houppelande de dessus
estoit de couleur jaune et dorée, broschée à estin-
celles d'argent, entrechangée d'un bleu céleste,
que ce sembloit une nuée vespertine, enflambée
de la resplendeur du soleil occidental. Et estoient
tous ses aornemens de si déliée filure que, quand
le doux vent subsolanus ventillant pressoit iceux
habits contre ses précieux membres, il faisoit foy
entière de la rotondité d'iceux et de la solidité
de sa noble corpulence. Ses blonds cheveux espès
estoient richement tissés à petits lacs d'or trait à
manière de retz, distinguez de fines perles, sa-
phirs, topazes et fines esmeraudes... Et derrière
estoient ses trois Grâces appellées Charites, toutes
nues. Après les Grâces pouvait on voir consé-
quemment les deux femmes de chambre et pedis-
sèques de Vénus, dont l'une se nommoit Accou-

---

1. *Les Illustrations de Groya et singularités de Troye la Grande*,
p.-p. J. Stecher, t. I, p. 227, 241.

tumance et l'autre Tristesse, comme met Apuleius, *De asino aureo*. »

Ailleurs il montre la déesse « plantée sur le pied droit et avançant le gauche, la main dextre pliée sur la hanche et l'autre estendue au long de la cuisse senestre ». On sent qu'il avait vu une statue antique dans cette attitude.

Nous l'avons dit, cela, c'est tout l'art de l'époque. Peintres ou sculpteurs n'ont pas encore la vision plastique des choses antiques. Ils sentent bien qu'elles expriment surtout la beauté du corps humain, mais tout en aimant cette beauté, ils ne parviennent à se la figurer qu'à travers les hommes ou les femmes qu'ils ont sous les yeux. Ils ne peuvent encore s'élever à l'idéalisation ; les mots expriment pour eux une réalité qui s'impose. Berger antique, poétique et légendaire, Pâris, puisqu'on l'appelle berger, se présente à eux comme un berger contemporain. Noël du Fail plus tard l'a fort bien compris : « Durerius, cet excellent peintre, dit-il, en ses jeunes ans mettait aussi bien une gibessière au bonhomme Bias, comme une panneterée de febves à Pythagoras. Il luy sembloit une besogne bien estre tracée... si elle estoit bien peinte ; ce lui était tout un[1]. »

1. *Balivernecies*, ch. v.

En Italie, tout comme en France ou en Allemagne, mêmes velléités, mêmes gaucheries jusqu'au temps de Raphaël. La *Minerve* de Botticelli, au Palais Pitti, vêtue d'une longue robe et tenant une hallebarde, est encore moins antique que celle des *Illustrations de Gaule*[1]. La Vénus de Lucas Cranach est nue, mais elle porte des bijoux du genre de ceux qui émerveillaient Lemaire de Belges; elle est exactement coiffée comme sa Vénus, et le *Jugement de Pâris* de Manuel Deutsch rappelle singulièrement quelques-unes des singularités de costume des déesses de ce même Lemaire.

Personne, plus que Jean d'Auton, n'est atteint de cette incapacité de comprendre encore plus que de connaître et lui, il la rachète rarement par un tour d'imagination poétique. Quand il s'adresse aux choses de Rome ou de la Grèce, il n'en prend que l'extérieur; il s'en affuble. Son style fait penser parfois à ces costumes de rois nègres, qui se revêtent d'une vieille tunique d'uniforme ou des oripeaux bariolés de nos vêtements masculins ou féminins, et qui paradent, se croyant à la mode européenne.

C'est de cette façon qu'il introduit partout les

---

1. *Les Illustrations, passim.*

anciens. S'il décrit un incendie : « Depuis le temps que, selon les poètes, Phaéton versa le curre de Phébus sur la terre, n'apparut si grande flamme » ; un exploit de La Palice : « Quelle chose plus digne de loz firent jadys le duc Scéva, le constant Scévola, le preux Régulus, le loyal Actillius, ni le ferme Curtius? » Il mêle « Thésiphone, Alétho, Mégère, Pluton, Caron, Bellidés, Tantallus, qui sont plongez en lieu de refrigère ». Quoiqu'il fasse le pédant et cite « Strabon, en sa Géographie » ou « Pline en l'Histoire naturelle », pour aboutir à apprendre à ses lecteurs qu'Hélène fut ravie en l'île de Cythérée, que Lacédémone, royaume de Ménélas, était en Achaïe, il a gardé les naïvetés du moyen âge. Il croit encore que Virgile « par art diabolique ou autrement, perça tout au travers la montagne près de Naples » (la grotte du Pausilippe); que les vieux arceaux près de Capoue (l'aqueduc) sont « œuvre virgilienne faite anciennement par art diabolique (toujours!) et toute en une nuit ».

Il faut se hâter d'en venir au chroniqueur. Celui-ci a quelque mérite et surtout il montrera de quels yeux un Français voyait alors l'Italie, dont l'histoire, sous quelque forme qu'elle se présente, est inséparable de l'histoire de la pensée et peut-être plus encore de l'art, puisqu'elle est essentiellement plastique, si l'on peut employer cette expression.

La première qualité de Jean d'Auton, c'est de faire consciencieusement son métier de chroniqueur. Il assiste autant que possible aux événements, et quand il est quelque part, il sait voir. « Je qui lors estoye logé en ceste mesme rue, ainsi que le bruyt des chevaux se faisoit, sortys pour voir la passée, où je choisiz entre les autres auprès du Roy le duc de Valentinoys, qui ancores estoit monté sur le cheval de poste, et estoit celuy vestu d'une robbe de velloux noir, troussé à la turque et toute pouldreuse, sur la teste un chapeau d'Allemant et en cest estat fist la révérence au Roy et le suivit jusque devant la porte du chasteau en parlant de plusieurs choses. »

Il a les curiosités et les procédés des reporters d'aujourd'hui. A l'entrevue de Savone en 1507, le roi d'Espagne Ferdinand et le cardinal d'Amboise eurent une conversation où se débattirent les graves questions de l'entente franco-espagnole. « Ils furent eulx deux ensemble par l'espace de troys grosses heures ou plus. Et je, qui lors estoye là dedans une salle avec plusieurs, et près de la porte de la chambre où se tenoit le conseil, combien que j'eusse bonne envie de savoir du trecté quelque chose, ce fut pour moy ung secret escript en lettres fermées. » Ne semble-t-il pas que nous assistons à une scène d'hier, et que nous voyons les journalistes aux écoutes « derrière les portes? »

Lorsque d'Auton n'a pas pu voir, il s'informe de son mieux. « A la foys m'en alloye disner ou soupper au logis du seigneur d'Aulbigny, à l'autre cheux le seigneur de la Pallixe, puis aux banquets que se faisoyent les autres capitaines et gentils-hommes qui aux affaires de Naples avoyent estez, et là escoustoye chascun parler, et ainsy je mec-toye en mon papier ce que je voyaye débatre entre les capitaines et gens d'armes et, ce faict, à part à l'un et à l'autre m'en enquéroye a toute eure, voire des plus grands jusques aux plus moindres, pour savoir si le commun rapport s'accorderoit; (et m'enquérais) aux maistres d'artil-lerie et aux varletz canonniers que par prières je menoys à la foys disner ou soupper à mon logis. »

En Italie il a d'abord vu la guerre. Cet abbé avait des goûts militaires, à la façon des bourgeois, qui se plaisent à voir parader des troupes, à suivre, au son des trompettes éclatantes, les uniformes étincelants, à assister aux grandes manœuvres, et surtout à entendre parler des coups d'épées ou de sabres et de l'héroïsme des autres. Par tout cela, il est bien de la lignée des chroniqueurs du moyen âge; les noms de Froissart, d'Olivier de la Marche viennent facilement à la mémoire, quand on parle de lui.

Son récit a presque des allures d'épopée. Il décrit les marches d'armée. « Les gens d'armes en bon ordre et bel arroy, montez et armez, la lance sur la cuisse et le teste en l'armet, tous en point et comme pour devoir combattre. Ainsy passèrent, sonnant trompettes et clairons et gros tambours de Suyces. » Puis le voici en plein héroïsme et en pleine tragédie. La Palice est attaqué dans une des places fortes du royaume de Naples et ses gens ont fléchi. Alors, « comme tout forcené, au premier des siens mesmes qu'il raincontra, erracha une lance du poing, et comme un sanglier se mit à la deffence, et là fist ce que oncques homme de nostre temps ne fist, car tout seul les ennemys qui à grand nombre estoient entrés, de rechef repossa et mist hors, et fit tel effort d'armes que nul espagnol, tant fust hardi, l'ozoit approcher. »

La tragédie se noue. Les Français ont perdu presque tout le Napolitain, ils sont attaqués par Gonzalve de Cordoue sur les bords du Garigliano, par un temps horrible. « La mer estoit tant impétueuse qu'on l'oyait bruire de deux milles loing. » Il faut à tout prix garder un pont pour protéger la retraite. Alors on voit paraître Stuart d'Aubigny qui, tout malade, est venu là pour vivre et mourir au service du Roy; « Bayard qui, pour mourir ne vouloit passer le pont et se mit si avant entre les ennemys que entre ses jambes luy fut tué encore un cheval »; un gentilhomme gascon nommé Jehannot du Gas qui, ayant eu son cheval tué sous lui se releva et chargea à tour de bras jusqu'à ce qu'il pérît; Bernard de Scenon « lequel fut pris ung estoc au poing, sanglant comme un couteau de boucher et en cest estat fut mené devant le capitaine Gonzalve qui le voulust suader d'estre à son service, lequel dit que jamais n'aurait d'autre maistre que le Roy. » Bayard a « de rechef un autre cheval tué, lequel ne mourut sur le champ mais le porta jusqu'à Gaëte et là tomba mort sous luy ». Ce trait achève le tableau.

Mais ce que nous cherchons peut-être encore plus, à ces débuts de notre Renaissance, c'est le spectacle de la vie italienne, qui explique tant de choses de la littérature et des arts. Comme presque tous ses contemporains, d'Auton s'est singulièrement plu à le contempler et, s'y plaisant, il l'a décrit quelquefois assez heureusement.

Cette vie était extraordinairement brillante et pleine de séductions. Tout d'abord celle des

PORTRAIT DE FEMME, PAR BOTTICELLI.

PLANCHE II.   Page 44.

femmes; on sait qu'il faut leur faire une grande part dans la passion qui entraîna les Français vers l'Italie, d'Auton les a regardées d'un œil d'amateur; il n'oublie pas un détail de leur costume. A un banquet offert à Louis XII, elles vinrent « à pleins chariots ». « Les unes portaient robes de drap d'or, my parti de velloux cramoisy et de fin satin de diverses couleurs. Leur coëffure estoit telle que tout le front et la chevellure leur paroissoit, dont partye pendoit derrière entortillée et l'autre leur couvroit la moytié de la joue, descendant près des espaules, en retournant joindre à l'entortilleure de derrière. Leurs robes, en plusieurs endroictz, estoyent descoupées et fendues, par où passoit la blanche chemise de fine toile de Hollande. » Cette description, c'est presque l'admirable portrait de femme de Botticelli, que nous reproduisons ci-contre. Il semble que nous en ayons ici une copie faite par un dessinateur très attentif, assez bien doué pour regarder, mais qui aurait encore la main inexpérimentée et maladroite.

A cette même fête, des danses suivirent le banquet. « Mais là y eut si grant presse que, pour donner place aux dames et autres qui vouloyent danser, fallut que le Roy mesmes, qui estoit amont, descendist pour faire faire place :

ce qu'il fist et print la halbarde d'un de ses archiers, puys à tour de bras, commainça à charger sur ceulx qui faisoyent la presse, tellement que soubdainement la place fust vide. »

Voilà bien la galanterie un peu lourde, dont les raffinés italiens devaient sourire. Mieux encore, ce sont les Français en face de l'Italie et de la Renaissance, et la passion, quelquefois un peu brutale, qu'ils manifestèrent pour l'une et pour l'autre.

Où d'Auton est inépuisable, c'est dans la description des cérémonies, des fêtes, des entrevues royales. Il a souvent de jolis croquis. Lorsque Louis XII et le roi d'Aragon se rencontrèrent à Savone en 1507. Il ne manqua pas de « monter avec plusieurs sur un haut boulevard, pour veoir, tout à cler la rencontre ».

Lorsque le roi de France fut entré sur le navire qui portait le roi d'Aragon, celui-ci « mist le bonnet au poing et le genoil en terre, et le Roy (Louis XII) après, en eulx embrassant assez longuement ». On débarqua, Ferdinand monta sur la mule amenée pour lui « et actendit là à venir le Roy, qui amena la Reyne sa niepce (Germaine de Foix qui avait épousé Ferdinand) jusques sur le pont; puys (Louis XII) se mist devant dict et de loin au Roy d'Aragon : « Marchez, marchez,

je mèneray la Reyne après... » Ce que ne voulust
le Roy d'Aragon, mais le bonnet au poing, disoit
qu'il n'irayt pas. Et tandis, le Roy monta sur sa
mulle et fist monter derrière luy la Reyne ; puis
dit au Roi d'Aragon : « Allez devant, car la cous-
tume de France n'est pas que les femmes tiennent
le rang de leurs maris. » Et voici vraiment les
deux nations et les deux hommes : Ferdinand,
cérémonieux, compassé ; Louis XII, familier (Marchez, marchez..., cela a été entendu), bonhomme
et narquois.

Encore un joli croquis, presque avec une note
moderne. Après souper, les princes « s'en allèrent dedans ung beau jardin la dedans bien clos, à
grosses murailles crénelées et fenestrées au bas,
par où l'on regardoit sur la mer, qui battoit de ce
costé. Le Roy et la Reyne d'Aragon sa niepce
s'assirent dedans leur chaires, contres une des
fenestres qui regardaient en la mer, et là devisè-
rent longtemps ensemble. » Autour d'eux, Ferdinand, Georges d'Amboise, toute sorte de seigneurs. « Et ainsy dedans le dit jardin fut là
joyeusement passée la soirée. » C'est presque un
tableau vénitien.

Le chroniqueur ne néglige pas un trait déjà
propre à l'esprit français, le charme de la conversation. « A toutes ces bonnes chères estoyent

gentilshommes atitrez pour quaqueter à plaisir et dire choses nouvelles et plaisantes; desquels estoyent Messire Méry de Rochechouart, seigneur de Mortemart (déjà l'esprit des Mortemart), qui disoit merveilles; Messire Germain de Bonneval, et tout pleyn d'autres, lesquels dirent à l'envy estranges nouvelles et firent nouveaulx comptes. »

De toutes les choses que les nôtres voyaient en Italie, il nous semble aujourd'hui que les choses d'art devaient attirer avant tout leur attention. D'Auton cependant y fait de rares allusions. Il n'en parle guère qu'à propos de Gênes : « A l'entrée de la dite églize de Sainct-Laurent est ung grant portal faict et entaillé à menue ymagerye de marbre blanc et bis, auctentiquement ouvré. Aux deux costés d'iceluy, sont enlevez deux grands lyons de pierre, soustenans deux haults pilliers de marbre blanc. » Cette description du portail principal est d'ailleurs exacte. Une châsse est de pierre et marbre blanc, « dorée et paincte de riche estoffe et entaillée tout autour à petites imayges et menus pilliers de singulière fabrice et artifficieux ouvrage ».

Ne disons pas trop que l'on trouve bien ici la médiocrité de notre auteur, dans la platitude de ses appréciations esthétiques. Personne à cette époque n'y mettait plus de brillant. Pas même le célèbre Comines; il est à Venise : « et me menèrent au long de la grande rue, qu'ils appellent le grand canal; et est bien large, les galères y passent à travers... » A Pavie, « la belle église des Chartreux, qui est à la vérité la plus belle que j'aie jamais vue et toute de beau marbre ». D'Auton a sur lui au moins l'avantage du détail précis et de l'exactitude. Mais on sait que le style artistique dans la littérature n'est guère né que de nos jours.

Singulier mélange, on le voit, de maladresse, d'ignorance, de pédantisme, mais aussi de naïveté, de pittoresque, d'émotion, chez tous les écrivains de ce temps.

Cela ne doit pas surprendre et éclaire toute l'histoire du début de notre Renaissance, de ce mouvement qui bouleversa nos mœurs, nos traditions, nos idées. C'est le cas de reprendre le vers du poète :

Tantæ molis erat romanam condere gentem!

Comment en effet nos Français auraient-ils réussi à se faire du premier coup italiens ou romains? Il y avait entre les deux races et les deux civilisations, dans le passé comme dans le présent, trop de divergences et trop de contrastes.

Il fallut pour les effacer une lente adaptation aux usages, aux façons de penser et de voir qui nous venaient de l'étranger.

Un des intérêts de ces chroniques de Jean d'Auton est précisément de nous faire assister à ces premiers contacts entre les deux nations, dont l'une portait en elle les grands souvenirs du moyen âge, et l'autre l'avenir des temps modernes, au moins pour quelques siècles.

JEAN GOUJON

ET LA

SALLE DES CARIATIDES AU LOUVRE[1].

De toutes les salles du Louvre du XVIe siècle, la plus célèbre est certainement celle qu'on appelle communément salle des Cariatides. Sa construction et sa décoration soulèvent quelques problèmes d'histoire, qui sont en même temps des problèmes d'esthétique. Nous les examinerons à ce double titre.

Édifiée par Pierre Lescot entre 1546 et 1550, et destinée dans l'origine à servir de salle des Gardes ou, à l'occasion, de salle de cérémonie, elle communiquait avec une autre pièce plus élevée de cinq degrés qui, dans certains documents du temps, porte le nom de « Tribunal » : toutes

1. Publié dans la *Gazette des Beaux-Arts*, mai 1906.

dispositions indiquées dans deux planches des *Plus excellents Bastiments de France* [1] et conformes, sauf quelques détails, à l'état de choses actuel.

On s'est demandé si tout d'abord la salle des Cariatides était comme aujourd'hui recouverte d'une voûte en pierre. Palustre a écrit [2] : « Primitivement, la salle des Cariatides n'était pas, comme de nos jours, alourdie par une voûte à plein cintre (elle est, dit-il en note, de Percier et Fontaine, qui réparèrent la salle vers 1806). » Cette observation est d'accord avec une gravure de Du Cerceau, où l'on voit, au-dessus des entre-colonnements séparant le Tribunal et la salle, deux frontons, qui ne pouvaient trouver place sous la retombée de la voûte et qui, en effet, n'existent plus.

En outre, on a constaté que les piliers cantonnés de colonnes, qui aujourd'hui reçoivent les arcs de la voûte, ne se raccordent pas dans leur appareillage avec celui des murs extérieurs, preuve qu'ils auraient été ajoutés après coup :

1. J.-A. Du Cerceau, *Les plus excellents Bastiments de France*, Paris. Le tome Ier, qui contient le Louvre, parut en 1576; le tome II en 1579.
2. *La Renaissance en France*, Paris, 1881, t. II, p. 163. Le tribunal, au contraire, fut voûté dès le début. Palustre le reconnaît, et une gravure de Du Cerceau ne laisse pas de doute sur ce point.

dè fait, ils ne sont pas figurés sur le plan de
Du Cerceau, que jusqu'à nouvel ordre on doit
considérer comme exact. Berty, de son côté[1],
avait observé que « la manière peu heureuse dont
la voûte de la salle des Cariatides est disposée »
donnait à croire qu'elle avait été faite postérieu-
rement. Il avait noté qu'un compte de 1557-1558
mentionnait des poutres formant plafond dans la
« Salle de Bal », qui était pour lui la salle des
Cariatides (avec raison, semble-t-il). Enfin, il citait
un passage du *Journal* de l'Estoille, racontant
que Louchart et d'autres ligueurs furent, en 1591,
pendus à une poutre du plafond de la « Salle
Basse » du Louvre. Sur un plan inséré à la page
228 de son ouvrage, il avait eu soin d'inscrire
pour la salle des Cariatides les mots : « voûtes
plus modernes ».

Tout cela paraît décisif.

Seulement, Palustre et d'autres avec lui ont
fait erreur en attribuant à Percier et Fontaine le
remplacement du plafond par une voûte. En effet,
dès 1673, une gravure de la traduction de Vitruve
par Claude Perrault[2] montre la salle des Caria-

---

1. Berty, *Le Louvre et les Tuileries*, Paris, 1866, t. Ier, p. 226-229.
2. Livre I, chap. I. Il est vrai que, dans un *Plan général du
Louvre*, dressé par le même Perrault en 1674 (Chalcographie du
Louvre), on ne voit pas indiqués les piliers supplémentaires supportant la voûte. Cela peut s'expliquer par le fait que ce plan

tides voûtée exactement comme on la voit aujour-d'hui. Puis, en 1756, Blondel écrit dans l'*Architecture française*: « La salle des Antiques [c'est bien la salle des Cariatides], dont la décoration intérieure, du dessein de l'Abbé de Clagny [Lescot], est d'ordre dorique, [est] d'une ordonnance et d'un goût exquis. Cette salle est voûtée en ceintre surbaissé, orné d'arcs doubleaux, soutenus par un entablement denticulaire, enrichi d'ornements du plus beau choix.... Les tiges des colonnes sont agréablement fuselées et cannelées.... Dans les entrecolonnements sont de grandes arcades, formant autant de lunettes dans la voûte, ce qui donne à cette dernière un air d'élégance et de légèreté, qui répond admirablement bien à toute l'ordonnance de cette pièce [1]. » D'autres plans manuscrits à très grande échelle, datés du XVIIIe siècle (l'un d'eux peut-être de la fin du XVIIe), indiquent aussi fort nettement les piliers ajoutés au plan de Du Cerceau [2].

est surtout destiné à la présentation d'un projet d'agrandissement du Louvre proposé par Perrault. Les détails, dès lors, devaient y être négligés, et, par exemple, la projection de la tribune des Cariatides n'y est pas marquée.

1. Blondel, *Architecture française*, Paris, 1756, t. IV, p. 28. Sur le plan de Blondel, les piliers cantonnés de colonnes figurent; par contre, les cinq degrés élevés entre la salle des Cariatides et le Tribunal ont disparu.

2. Archives Nationales O¹ 1666, 1667.

Ce ne seraient donc pas Percier et Fontaine qui auraient eu le tort « d'alourdir » la salle, comme le dit Palustre, ou le mérite de « lui donner l'air de légèreté » dont parle Blondel ; car voici deux esthétiques en contradiction, ce qui d'ailleurs se rencontre assez souvent dans les esthétiques.

Enfin, dans une gravure qui représente la première séance de l'Institut, le 1er germinal an IV (21 mars 1796), la salle des Cariatides est voûtée, mais les colonnes ne sont pas cannelées, les arcs doubleaux ne sont pas ornés ; seuls, quelques chapiteaux sont ciselés.

Il faut donc faire remonter le changement au xviie siècle. Il paraît certain qu'il fut exécuté au moment où Louis XIII, en 1624, fit agrandir le Louvre par Le Mercier. Celui-ci, ayant voûté l'aile nouvelle édifiée de l'autre côté du pavillon de l'Horloge, aurait eu l'idée d'uniformiser le tout, d'autant plus que la succession des salles des Cariatides et du Tribunal, la première avec un plafond de bois, le second avec une voûte, devait présenter un aspect assez disgracieux [1].

1. L'article de la *Gazette*, où j'indiquais seulement des hypothèses, était composé, lorsque M. Louis Batiffol eut l'obligeance de me communiquer un passage extrèmement curieux et précis de l'*Histoire du Roy Louis XIII*, par Charles Bernard (Paris, 1646, t. II, p. 226). Il y est dit qu'au moment de la Journée des Dupes Louis XIII était à Versailles, le Louvre étant momentanément inhabitable par suite des travaux faits pour voûter la

Mais il est bien certain que la salle des Cariatides demeura inachevée, au moins dans sa décoration, jusque vers 1806. On sait, du reste, que ce fut la destinée du Louvre tout entier, qui resta, pendant plus de deux siècles, un monceau « de ruines en construction ». Occupée par les gardes du Roi pendant les guerres de religion, la salle dut être livrée à la soldatesque, et l'épisode de la pendaison de Louchart est significatif.

Sous Louis XIII et pendant les premières années du règne de Louis XIV, elle servit d'antichambre aux appartements qu'Anne d'Autriche se réserva au rez-de-chaussée de la petite galerie. On y établit, en 1658, une scène provisoire pour y jouer la comédie; le *Nicomède* de Corneille et le *Docteur amoureux* de Molière y furent représentés. Puis Louis XIV la concéda aux Académies pour leurs séances.

Enfin on y installa un dépôt de statues antiques, un véritable magasin, bientôt laissé à l'abandon. Les statues gisaient sur le sol, « presque inabor-

salle des Cariatides, dont l'ancien plafond était délabré, les poutres usées, etc.

On a supposé quelquefois que la maladresse signalée par Berty dans la disposition de la voûte, et le manque de raccord des piliers cantonnés avec le mur de l'ouest, tiendraient à ce que Lescot aurait gardé de ce côté l'ancien mur du Louvre de Philippe-Auguste et de Charles V et y aurait adapté tant bien que mal la salle nouvelle.

dables », mutilées, à peine reconnaissables [1]. En 1806, on en retrouvera quelques-unes à l'état de débris. Quand l'Institut reprit séance au Louvre, on fit dans la salle un premier remaniement pour l'approprier aux besoins des réunions, et on plaça des statues de grands hommes dans les entrecolonnements [2].

C'est vers 1806 que Napoléon, décidé à faire restaurer et achever le Louvre, confia à Percier et Fontaine la direction des travaux. Ils paraissent s'être bornés, pour la salle des Cariatides, à en terminer la décoration ou à en consolider certaines parties. Ils firent canneler celles des colonnes qu'on avait laissées frustes, terminer les chapiteaux [3], orner les arcs doubleaux qui soutenaient « les voûtes de Lescot », dit formellement Clarac. Ils eurent un tel souci de se conformer au type primitif qu'il est à peine possible de distinguer les parties du XVIe siècle de celles du XIXe [4].

On a dit plus haut que la grande salle pouvait être utilisée à l'occasion pour des cérémonies ou

---

1. Voir Baltard, *Paris et ses monuments : le Louvre,* 1803.
2. Michon, *Revue archéologique,* 1903, I, p. 41.
3. Clarac dit qu'il n'y en avait que deux de faits.
4. Sur un seul point Percier et Fontaine innovèrent — assez malheureusement —. Ayant à composer une balustrade pour la Tribune, ils n'adoptèrent pas le dessin de Lescot, tel qu'on le voit dans une planche de Du Cerceau, et, de plus, ils apposèrent

des fêtes. Voilà probablement pourquoi la porte d'entrée était surmontée à l'intérieur d'une tribune, comme on en voit dans beaucoup de châteaux de cette époque, où quelques spectateurs ou musiciens pouvaient trouver place. C'est cette tribune que Lescot et Goujon firent supporter par des cariatides, au lieu de colonnes.

L'historien de Paris, Sauval, avait connu un marché du 5 septembre 1550, qui en reporte l'exécution vers cette date. Goujon reçut pour le travail une somme de 737 livres tournois[1].

Vers 1550, Jean Goujon était déjà presque célèbre : venu de Rouen à Paris en 1543, il avait exécuté en 1544 les sculptures du jubé de Saint-Germain-l'Auxerrois, en 1549-1550, les bas-reliefs de la fontaine dite des Innocents. Ses relations avec Pierre Lescot, alors en possession de toute la confiance royale, le mettaient dans une situation

au mur où elle s'appuie une grande *Diane* en bronze, œuvre de Cellini. Quelques autres détails aussi furent modifiés.

1. En 1550, la livre tournois valait 4 francs environ en monnaie de poids, ce qui donne pour 737 livres 3 000 francs à peu près. Si l'on multiplie cette somme par 5 ou 6 (mais c'est une évaluation absolument approximative et sans doute insuffisante), pour avoir la proportion de puissance de l'argent du xvie au xxe siècle, on dira que la somme payée à Goujon correspondrait aujourd'hui à 15 000 ou 18 000 francs.

M. Bapst a publié, en 1904, le marché pour les Cariatides (*Bulletin de la Société des Antiquaires de France*).

très avantageuse, et en effet les cariatides ne sont qu'une partie de son œuvre au Louvre, où il fut chargé de toute la décoration sculpturale, jusque vers 1562.

On pourrait même se demander s'il n'a pas collaboré avec Lescot, au moins pour une partie de l'architecture. Car il paraît avoir été architecte autant que sculpteur. Dans des comptes de travaux à Rouen, il est qualifié de « tailleur de pierre [sculpteur] et masson ». Dans la préface d'une traduction de Vitruve, dont nous parlerons plus loin, l'éditeur écrit que le livre fut « enrichi de figures nouvelles concernant l'art de massonnerie par maistre Jean Goujon, naguères architecte de Monseigneur le Connestable et maintenant l'un des vostres [il s'adresse à Henri II] ». Lui-même se donne pour « studieux d'architecture » ; encore en 1556 on dira de lui : « sculpteur et architecte de grand bruit ».

En admettant que la signification du terme d'architecte ait été très indécise au XVIe siècle et que le mot se soit appliqué aussi bien à un dessinateur, à un archéologue, comme on dirait aujourd'hui, qu'à un constructeur, la partie constructive dans le Louvre est si simple et la décoration si développée qu'un homme tel que Goujon, nourri des doctrines et des exemples antiques, était très apte à y collaborer. On observera enfin que, dans l'édition de Vitruve, les dessins nouveaux qui sont de lui représentent surtout des détails d'architecture : colonnes, ordres, chapiteaux, frises [1].

Dès lors, même si l'idée de faire porter l'entablement de la tribune sur des statues était, comme on l'a dit, une pensée d'architecte, non de statuaire, rien n'empêcherait de l'attribuer à Goujon, nous allons en trouver tout à l'heure d'autres raisons particulières.

Cette tribune est si connue, si populaire dirait-on presque, qu'il paraîtrait inutile de la décrire, si nous n'en rencontrions dans Sauval une analyse très étudiée et très fine, sous l'apparence d'un style naïf et maladroit. « La salle des Suisses est ornée à un bout d'un petit portique chargé de quantité d'ornements et accompagné de quatre termes colossales cariatides... Les termes cariatides portent [12] pieds de haut... leurs coëfures et leurs cheveux viennent si bien à leur visage qu'il ne se peut pas mieux; leur front uni et mollement voûté, une gorge ronde et pleine, leurs yeux à fleur de tête, leurs sourcils bien rangés, leur nez aquilin, leur bouche étroite, leur menton et leurs

---

1. Palustre a pensé que Goujon est l'unique auteur de la fontaine des Innocents, exclusion faite de Lescot.

CARIATIDES DE RAPHAEL AU VATICAN.

Phot. Hachette.

LA TRIBUNE DES CARIATIDES AU LOUVRE.

joues rondes nous font bien voir que Goujon s'est efforcé de représenter une beauté parfaite ; surtout il a ordonné et couché avec tant d'art et d'esprit tous les plis de leur draperie qu'ils nous laissent découvrir à travers, non seulement la petitesse et la rondeur de leur sein, mais encore l'embonpoint de leurs jambes et de leurs cuisses, et, de plus, ce rampant imperceptible, le long duquel leur ventre monte et se glisse insensiblement jusqu'à leur poitrine. Ces deux beaux colosses et les plus grands du royaume sont à présent cachés derrière un théâtre bâti nouvellement dans cette salle[1]. » C'est exactement cela, et on notera particulièrement les yeux à fleur de tête, les sourcils bien rangés, le nez aquilin, les joues rondes, c'est-à-dire une beauté régulière, un peu froide, il faut l'avouer. Puis, les plis des draperies, l'embonpoint des jambes et des cuisses et le « rampant imperceptible » du ventre au sein. On dirait les choses plus élégamment aujourd'hui ; on ne les dirait pas avec plus de justesse.

Blondel, tout en louant la beauté de forme des cariatides, en critique l'emploi au point de vue architectural, et même un peu au point de vue de la logique. « Que veulent dire des figures de

---

1. Sauval, *Histoire et recherches des antiquités de la ville de Paris*, t. I, p. 33.

femme, qui non seulement portent un chapiteau dorique sur leur tête, qui n'a aucune analogie avec le caractère féminin, mais qui indique deux parties supérieures ridiculement portées l'une sur l'autre? Pourquoi sur ce chapiteau un entablement d'une proportion ionique et, pour base à ces cariatides, un fust inférieur tronqué servant de piédouche ou piédestal? Dira-t-on que c'est l'effet d'un génie et d'une invention féconde? Non certainement, c'est une affectation vicieuse dans les parties, qui produit un tout défectueux qu'aucune autorité ne peut justifier, et l'on peut affirmer qu'imitation pour imitation, des colonnes eussent été préférables. D'ailleurs, que signifie cette tribune qui n'est point couronnée d'une balustrade[1] et au-dessus de laquelle on ne voit point de porte dont la grandeur réponde à l'appareil de dessous? »

Pour en revenir à Jean Goujon même, nous avons à nous demander d'où il a pris l'idée des cariatides, lui ou Lescot. Il pouvait la trouver indirectement, mais indirectement seulement, dans certains modèles. Ainsi Benvenuto Cellini raconte que, pour une porte du château de Fontainebleau, il

---

1. Blondel ne fait pas attention que la tribune n'était pas achevée au temps où il écrivait, et il ignorait sans doute qu'une balustrade figurait dans le projet primitif.

avait, au lieu de colonnes, introduit deux satyres, presque en ronde-bosse. « D'une main, un de ces satyres paraissait soutenir le chapiteau, de l'autre main il tenait une énorme massue.... Le second satyre avait la même attitude... tout le reste de leur corps [la tête portait de petites cornes et rappelait la physionomie du bouc] avait la forme humaine[1]. »

Dans les gravures de Du Cerceau, on voit de nombreuses cariatides féminines avec ou sans bras, et quelques-unes doivent être antérieures à 1550[2]. Enfin des figures célèbres de Raphaël dans une des Chambres du Vatican sont en forme de cariatides[3].

Mais la composition de la tribune vient plus directement et positivement de Vitruve. On sait que l'ouvrage de l'architecte latin eut, au temps de la Renaissance, une réputation énorme, en Italie d'abord, dans toute l'Europe ensuite. Dès la fin du xve siècle, les éditions, traductions ou adaptations s'en multiplièrent. Nous indiquons ici quelques-unes de celles qui furent illustrées et qui sont antérieures à 1550[4].

1. Molinier, *Benvenuto Cellini*, Paris, 1894, p. 53.
2. De Geymüller, *Les Du Cerceau*, Paris, 1887, *passim*.
3. Il s'agit des figures « hiéroglyphiques peintes par Raphaël dans une des salles du Vatican à Rome » (elles sont reproduites dans onze planches de la Chalcographie du Louvre).
4. Nous ne pouvons énumérer que les principales de celles

Jean Goujon a dù connaître la plupart de ces Vitruve, et voici pourquoi. En 1547, un certain Jean Martin, qui avait alors quelque notoriété, publia une traduction de Vitruve, la première qui ait paru en langue française [1].

Elle avait pour titre : *Architecture ou art de bien bastir de Marc Vitruve Pollion, autheur romain antique, mis de latin en françoys par Jehan*

qui existent soit à la Bibliothèque Nationale, soit à la Bibliothèque de l'Université (bibl. Victor Cousin), soit à la Bibliothèque de l'École des Beaux-Arts (collection Lesoufaché).

I. *M. Vitruvius per Jocundum solito castigatior factus, cum figuris et tabula, ut jam legi et intelligi possit* (à la fin, la date du 22 mai 1511, pour l'achevé d'imprimer, à Venise). Une seconde édition revue et corrigée, en 1513.

II. *Di Lucio Vitruvio Pollione de architectura libri dece (sic) traducti de latino in Vulgare, affigurati* (avec privilège de François Ier, duc de Milan, du 15 juin 1521).

III. *M. Vitruvii de architectura libri decem summa diligentia recogniti, cum nonnullis figuris sub hoc signo positis nusquam antea impressis...* Milan, 1523.

IV. *Con il suo commento e figure, Vetruvio in volgar lingua raportato per M. Gianbatista Caporali di Perugia*, à Pérouse, 1536 (avec un portrait de Caporali dans le frontispice, à gauche). Caporali, peintre et architecte, appartenait à une famille d'artistes, dont le premier vécut au xve siècle.

V. *Raison d'architecture antique extraicte de Victruve et aultres anciens architectes nouvellement traduite d'Espaignol en Françoys...* 1539 (une première édition aurait paru en 1530?).

VI. *M. Vitruvii Pollionis viri suæ professionis peritissimi de architectura libri decem... adjunctis nunc primum Guillelmi Philandri Castilioni... castigationibus atque annotationibus....* L'ouvrage est dédié à François Ier. A la fin, on voit que Philander l'avait composé, à Rome, en 1541, sur les conseils et avec l'aide de Guillaume d'Armagnac, évêque de Rodez, à ce moment ambassadeur du roi auprès du pape Paul III.

1. Voir ci-dessus, p. 59.

Martin.... Or, Goujon collabora très activement à cette traduction. « Je ne feusse jamais venu à bout de mon entreprise, dit Martin, si je ne me feusse aidé du labeur de Jean Jocondo, Alberti, Budé, Philander, Serlio et maistre Jehan Goujon... »

Plus tard, en 1578, Guy Lefebvre de La Boderie, dans la *Galliade*, célébrant les artistes et écrivains du siècle dans des vers détestables, disait de Jean Goujon :

> ... Et toi Goujon encores,
> Qui de rares portraicts ce bel autheur [Vitruve] décores.

On voit, par le témoignage même de Jean Martin, qu'il avait consulté les éditions de Giocondo et de Philander. Mais, ce qui est plus décisif encore, beaucoup de figures de la traduction sont prises du Vitruve de Giocondo, de celui de 1521, de celui de Caporali (1536).

Or Vitruve, tout au début de son ouvrage, parlait des cariatides employées par les Grecs et les Romains; le passage avait fait fortune, surtout à cause de l'origine qu'il leur donnait, à une époque où tous les lecteurs goûtaient singulièrement les récits légendaires, dès qu'ils venaient de l'antiquité.

Vitruve raconte que les habitants de la ville de Caria, ayant fait alliance avec les Perses au temps des guerres médiques, les Grecs vainqueurs s'emparèrent de la ville, tuèrent tous les hommes et réduisirent les femmes en esclavage. Ils voulurent que, « pour éternel exemple de captivité, estant chargées d'injures et d'opprobres, fussent veues porter la peine de leurs parens, alliez et marys. A l'occasion de quoy, ceulx qui pour le temps d'adonc estoient architectes meirent en leurs édiffices publiques les ymages de ces dames comme destinées à supporter le faix, afin que la punition du forfaict des Caryens fust congneue et servît d'exemple à toute la postérité.... Voylà d'où est venu que plusieurs architectes ont mis des statues persanes à soutenir les épistyles, c'est-à-dire architraves et autres ornements d'édiffices, et de cela ont esté augmentées plusieurs belles diversitez dans les ouvrages. » Le mot « persanes » s'explique par le fait que les Spartiates avaient infligé le même traitement aux Persans. En effet, on voit dans certains monuments anciens des cariatides masculines aussi bien que féminines. La Renaissance connut les unes et les autres.

Non seulement Goujon emprunta l'idée de sa tribune à ce passage, mais il s'inspira de certaines éditions italiennes pour en combiner la composition : quatre figures de femmes posant sur des socles bas et portant sur la tête une amorce de fût de colonne, surmontée d'un chapiteau qui reçoit un entablement. Disposition simple et naturelle, dont on peut dire qu'elle était attendue, mais qui ressemble singulièrement à celle dont les illustrateurs italiens avaient donné le modèle.

Chez Fra Giocondo, tout est encore rudimentaire, mais dans le Vitruve de 1521 on trouve les quatre statues qui seront de règle et une recherche artistique déjà plus raffinée. Le Vitruve de Caporali est tout particulièrement intéressant avec son portique à deux étages de cariatides et ses figures de femmes nues très naturalistes. Goujon lui-même avait dessiné des cariatides pour l'ouvrage de Jean Martin : deux femmes de stature élégante, mais sans ressemblance avec celles de la tribune.

En somme, il avait à sa disposition des essais antérieurs; il s'en servit en les modifiant, en les idéalisant, en les interprétant architecturalement. On l'a loué plus d'une fois de l'artifice ingénieux qui consistait à couper les bras des statues vers la retombée des épaules, de façon à enlever à ces corps de femmes, devenant membres de construction, une part de réalité.

Mais le style même, le sentiment si délicat de la beauté, de l'harmonie, de l'eurythmie, qui ne

se rencontraient pas dans les illustrateurs de
Vitruve, sont-ils absolument originaux et person-
nels à l'artiste français?

D'abord, on a noté l'extraordinaire ressemblance
des cariatides du Louvre avec celles de l'Erechthéion d'Athènes : même disposition, même artifice des bras coupés, même style. Goujon les
aurait-il donc connues par un dessin d'artiste ou
de voyageur? Cela n'est pas probable, bien qu'on
sache aujourd'hui qu'Athènes fut peut-être visitée,
au xvie siècle, plus qu'on ne le croyait autrefois.
Mais les quelques descriptions ou vues qu'on en
a retrouvées pour ce siècle concernent presque
exclusivement le Parthénon. Faut-il donc répéter
que Goujon, « par une prodigieuse divination,
aurait su retrouver le génie antique » dans l'œuvre
moderne qu'il créait? Pas absolument, car s'il n'a
pas eu sous les yeux les grands modèles de
l'époque de Phidias, il en a eu d'autres où revi-
vait, bien qu'affaibli, le style de l'antiquité grecque.

En effet, il existait un peu partout, mais
surtout à Rome, un nombre considérable de
statues gréco-romaines; on en exhumait tous les
jours, tant était grande la passion de tout ce qui
passait pour grec ou romain. Les *Recueils d'antiquités*, que l'on commença à publier au xve siècle[1]

1. Sur toute la question, voir S. Reinach, *L'Album de Pierre*

et qui furent très à la mode au XVIe, ceux d'Alber-
tini : *Opusculum de mirabilibus novæ et veteris
Urbis Romæ* (1510), de Fulvius : *Antiquaria
Urbis* (1513, nouvelle édition très refondue en
1527), de Marliani : *Antiqua Romæ topographia*
(1534), renseignent très bien sur ce point. En
1544, commença la publication des gravures édi-
tées par Lafreri; en 1550, la rédaction du catalogue
des statues de Rome par Aldroandi, qui parut en
1556 sous ce titre : *Delle statue antiche che per
tutta Roma si veggono.*

Dans le recueil d'Aldroandi, il est souvent
question de cariatides : « Dans le jardin de San
Giuliano... se voient au milieu quatre statues; à
l'une manque la tête, à toutes, les mains. Elles
sont drapées et l'une d'elles a un vase sur la tête;
on les appelle des cariatides. » — « Tête de femme
avec un panier sur la tête, dite cariatide. » — « Il
y a encore une autre table où est sculptée en
relief une femme drapée avec ceinture, ayant un
chapiteau sur la tête [1]. »

Jacques, sculpteur de Reims, Paris, 1902, et spécialement p. 16 et
17. L'original de ce très curieux album est à la Bibliothèque
Nationale (Cabinet des estampes, Fb, 18e, réserve). Il faut dire
que la reproduction photographique, si utile qu'elle soit, affaiblit
souvent l'accent des dessins ou donne une impression de mono-
tonie qui n'est pas exacte. Par exemple, les dessins sont tantôt
à la plume, tantôt au crayon, tantôt à la sanguine; le procédé
et le style en sont souvent différents.

1. S. Reinach, ouvr. cité, p. 59, n° 222, p. 61, n° 226, p. 66, n° 241.

Enfin le cahier de croquis faits à Rome, de 1572 à 1577, par un artiste rémois, Pierre Jacques, contient presque toutes des statues antiques connues au XVIe siècle, et il les représente avant les restaurations [1].

Bien qu'il soit postérieur de vingt ans au moins à la date des cariatides de Goujon. la plupart des œuvres qu'il reproduit étaient connues dès la première moitié du XVIe siècle et même avant. Or, on ne peut s'empêcher tout d'abord d'être frappé du nombre considérable de statues sans bras qui y figurent[2], et de ce fait tout matériel on conclura que l'idée de Goujon n'avait rien d'exceptionnel, rien qui heurtât la vision des artistes. Il se borna à en faire une application raisonnée.

Mais voici qui est plus intéressant : à la planche 72 *bis* de l'album de Pierre Jacques, se trouve la figure que nous reproduisons ici et dont M. Reinach dit qu'elle est « du type des cariatides de l'Erechthéion »; à la planche 73 *bis*, autre figure presque identique[3]. Ces figures, qui ne sont pas

1. Voir S. Reinach, ouvrage cité, *Introduction*. M. Reinach n'accepte pas la date de 1603 inscrite à deux reprises sur des feuillets de l'*Album*.

2. *Album*, n°ˢ 9 *bis*, 11 *bis*, 41 *bis*, etc. *Introduction*, p. 25. n° 122, 26, n° 124, etc.

3. Voir aussi les pl. 14. 69 *bis*. ou bien, d'autre part, les pl. 58 *bis*. 59, 85 *bis* et 86, où l'on observera des ressemblances d'attitudes ou de style avec les figures habituelles à Jean Goujon dans ses bas-reliefs.

TORCHE ANTIQUE

FAC-SIMILE D'UNE PAGE DE L'ALBUM DE JACQUES...

les seules, font absolument songer à celles de la tribune du Louvre. Les éléments possibles de l'inspiration de Goujon se multiplient donc. Or, si l'on ne peut établir qu'il ait été en Italie avant 1562 ou 1563, du moins un certain nombre d'antiques étaient connues en France sous François I[er][1]. En 1540, Primatice, sur la demande du Roi, avait rapporté d'Italie des reproductions du *Laocoon*, de l'*Ariane*, de la *Vénus de Cnide* : ce sont les « fontes du Primatice » qui, dès le premier jour, furent célèbres.

Mais si l'impression sur les artistes dut être forte, ces quelques œuvres ni même le séjour en France d'artistes péninsulaires n'auraient pas suffi à transformer les idées esthétiques, comme on le voit faire à partir de 1550 surtout. Il faut chercher encore d'autres éléments.

On peut en entrevoir quelques-uns, maintenant qu'on connaît mieux l'histoire de la Renaissance au XVIe siècle; ce put être, entre autres, le surmoulage. Bernard Palissy écrit : « Vois-tu pas aussi combien la moulerie a fait de dommages à

---

1. Les documents ajoutent peu à peu à tout ce qu'on savait déjà. En 1517, du Bellay-Langey envoie à François Ier « certains anticules (*sic*) que le Roy avoit cy-devant ordonné estre faites à Rome » (Bourrilly, *Guillaume du Bellay*, Paris, 1904, p. 37). Un partisan italien du Roi, Renzo da Ceri, lui offre une Vénus (*Revue archéologique*, 1902, 3e série, t. XLI, p. 223-231). C'était un moyen de faire sa cour.

plusieurs sculpteurs savans?... J'ay veu un tel mespris de la sculpture à cause de ladite moulerie que tout le pays de la Gascongne et autres lieux circonvoisins estoyent tous pleins de figures moulées de terre cuite, lesquelles on portoyt vendre par les foyres et marchés, et les donnoit on pour deux liards chascune. » Ce qui « faisait dommage » aux sculpteurs servait à la diffusion des idées.

Bien plus que le moulage, le livre illustré ou non, la gravure se répandaient partout; il y a là, particulièrement pour la gravure, toute une étude à faire. Citons seulement, à titre d'exemple, parmi les ouvrages de doctrine, l'abrégé de Vitruve signalé ci-dessus, dont le format commode et sans doute le prix modique durent faire le succès. Il eut au moins deux éditions [1], à partir de 1539.

Ces recueils devaient se vendre en France; on ne pouvait les ignorer dans le cénacle savant de Lescot, où Jean Goujon fréquentait à côté d'érudits, de poètes, et dont Ronsard lui-même fit partie.

Ajoutons un dernier fait qui montrera, si notre observation est acceptée, combien le grand scul-

---

1. C'est un volume d'une centaine de pages, dont le format correspond à peu près à celui de notre in-12. Cf. Pierre Martin, *Un vulgarisateur, Jean Martin*, Paris, s. d.

pteur regardait autour de lui. L'arrangement d'une partie de la tunique des cariatides et du gros nœud qui en forme le centre n'est pas conforme à celui de la plupart des statues antiques. On ne le rencontre pas une seule fois dans l'album de Jacques. Or, cette disposition particulière est propre, a-t-on dit, à quelques statues de Cellini. On n'a pas besoin d'invoquer l'exemple de Cellini : si l'on examine l'*Ariane couchée*, rapportée par le Primatice, on y trouve presque le même agencement avec le nœud au côté droit.

En dehors des antiques, il faudrait aussi tenir compte des figures hiéroglyphiques de Raphaël[1], que nous mentionnions ci-dessus. Elles respirent cette sérénité calme, extatique pour ainsi dire, qui donne aux cariatides de Goujon un peu de leur beauté idéale. Même certains ornements, certains détails de coiffure, paraissent lui avoir servi. Elles étaient évidemment connues en France. L'album de Jacques en reproduit au trait deux ou trois.

On aurait à se demander, en dernier lieu, si les cariatides ont subi des restaurations de la part

---

1. Ou encore des cariatides attribuées à Marc-Antoine et gravées peut-être d'après un dessin de Raphaël (v. ci-dessus, p. 63).

de Percier et Fontaine. Après plus de deux siècles et demi, pendant lesquels la salle où elles se trouvaient avait subi tant de vicissitudes, étaient-elles restées intactes? On voit bien quelques doigts remplacés aux pieds, quelques fragments d'étoffe restitués, et il est permis de penser qu'elles furent nettoyées de la poussière ou des taches dont elles devaient être couvertes. Mais, à une époque où l'on n'était pas scrupuleux à l'égard des monuments du passé, Percier et Fontaine auraient-ils fait procéder à de véritables retouches ou regrattages?

Ce qui autoriserait à poser la question, c'est une certaine sécheresse d'exécution, qu'on ne saurait absolument nier, quelque admiration qu'on professe pour l'œuvre en elle-même. Il est certain que le ciseau de Goujon, pour employer l'expression habituelle, a bien plus de souplesse, de morbidesse, dans les figures mêmes de la façade du Louvre, sans parler de celles de la fontaine des Innocents. Cette différence peut tenir, il est vrai, à la différence entre la ronde-bosse et le bas-relief ou au caractère semi-architectural de ces statues. Il faudrait chercher encore s'il n'y a pas quelques procédés matériels habituels aux statuaires du début du XIXe siècle. Ce sont des questions que nous remettons à de plus compétents.

*
* *

Y a-t-il, dans cette partie du Louvre, d'autres sculptures de Goujon que les cariatides?

Au mur de fond du « Tribunal », on voit une cheminée monumentale, œuvre de Percier et Fontaine, qui la composèrent avec différents morceaux trouvés dans le Louvre et rassemblés arbitrairement. Au milieu d'une ornementation surabondante, on y remarque particulièrement deux figures en haut-relief, dénommées Mars et Cérès (ou Flore). Clarac dit que ces statues étaient très mutilées lorsqu'on les découvrit par terre, au milieu de toutes sortes de débris, et il ajoute : « Il y a lieu de croire, d'après leur style, que ces deux statues sont de Jean Goujon ou de son école. La Cérès ou la Flore, car c'est à la restauration qui a suppléé la tête qu'elle doit ce caractère, est charmante de souplesse et de grâce, du moins de cette grâce que Jean Goujon s'était créée, qui n'est pas celle de l'antique, mais qui a plus de naturel et moins d'affectation que ce qu'on trouve dans les ouvrages florentins. » Percier et Fontaine avaient admis la même attribution, Courajod l'a appuyée de sa grande autorité[1].

1. L. Courajod, *La Cheminée de la salle des Caryatides au Musée*

Nous ne pouvons nous empêcher cependant, malgré même le texte publié par M. Bapst, d'avoir des doutes, au moins en ce qui concerne une attribution intégrale, si l'on peut employer cette expression. Puisqu'il y a des restaurations certaines, on peut supposer qu'elles ont modifié la pureté du style primitif. Il nous semble que, ni dans le modelé du Mars, ni dans celui de la Flore, ni dans les plis, ni dans certains ornements ou attributs (la tête de la Flore, si elle n'a pas été entièrement refaite, a été agrémentée d'ornements modernes), on ne retrouve la souplesse, la grâce et l'élégance habituelles à Goujon. Peut-être aussi faudrait-il parler de son école, ainsi que le faisaient d'ailleurs, avec une réserve, Clarac et Courajod même.

Voici maintenant par où cette étude d'un point particulier d'histoire peut appartenir à l'histoire générale : c'est que le rapprochement de la salle des Cariatides et de la tribune avec d'autres œuvres du XVIe siècle permet de compléter et de préciser ce qu'on sait de l'esprit de la Renaissance française et du génie de Goujon. L'un et l'autre sont, en définitive, faits d'emprunts à l'anti-

du *Louvre* (*Mémoires de la Société de l'Histoire de Paris*, 1880), et *Journal de Lenoir*, Paris, 1887, t. III, p. 17-27.

quité et à l'Italie, mais considérée comme interprète
de l'antiquité. Plus on avance dans le XVIe siècle,
plus le classicisme se forme de l'imitation des
modèles grecs ou latins[1]. Vitruve est le guide des
architectes, lui ou ses commentateurs italiens :
colonnes, chapiteaux, ornements, nous viennent
des indications de son ouvrage ou des « ruines »
qu'on étudie partout. La statuaire s'inspire des
mêmes doctrines et des mêmes admirations.

Jean Goujon est peut-être l'expression la plus
forte — et la plus délicate — de ce classicisme
gréco-romain. Il est nourri des anciens; il y
ajoute, comme tous ses contemporains, la connaissance des œuvres de Michel-Ange, de Raphaël
ou de leurs disciples. Enfin, et c'est encore là un
trait de son temps, il est familier avec les semi-
décadents, tel que le Parmesan ou le Primatice, il
leur doit beaucoup, sinon dans les cariatides, au
moins dans une partie de son œuvre, à la fontaine
des Innocents, par exemple.

Mais ses facultés d'assimilation, qui étaient
remarquables, servirent surtout d'aliment à son
génie, qui resta personnel. Au sentiment de la
beauté antique ou même raphaélique, il ajouta la
grâce, l'élégance, le charme, le raffinement, si

1. Voir ci-dessous, p. 83 et suiv.

l'on veut, que ne lui révélaient pas les œuvres qu'il avait sous les yeux. Si des artistes comme le Primatice et le Parmesan ne laissèrent pas d'influer sur son inspiration, il trouva en lui-même la mesure, l'harmonie, le style en un mot, qui leur avait manqué.

LES
ORIGINES DE L'ART CLASSIQUE
EN FRANCE [1]

La mort de François Ier et l'avènement d'Henri II ouvrent dans l'histoire de la Renaissance française une période nouvelle.

Elle se présente avec le prestige de noms éclatants dans l'histoire de l'art comme des lettres : Ronsard, Montaigne, Philibert de l'Orme, Pierre Lescot, Cousin, Jean Goujon, Germain Pilon, Clouet, Bernard Palissy, noms illustres, presque populaires.

Et voilà ainsi un premier fait historique, c'est qu'en France, l'artiste sort de l'anonymat, devient dans l'histoire une individualité, comme dans le

1. Extrait de la *Revue universitaire* de janvier 1895 (*Cours d'histoire de l'Art français à la Sorbonne*, leçon d'ouverture du 1er déc. 1894).

monde de son temps un personnage. On a, dès lors, à étudier non plus seulement des œuvres, mais des hommes.

Ce n'est pas qu'il ne reste encore bien des incertitudes sur la plupart d'entre eux, à vrai dire plus célèbres que connus. Il n'y a pas longtemps qu'on sait que Jean Goujon n'est pas mort à la Saint-Barthélemy ou qu'on a pu retrouver, de Philibert de l'Orme, autre chose que son *Livre d'architecture*. Malgré tout, il est aujourd'hui possible, en rassemblant des traits épars çà et là, de constituer des biographies, de pénétrer assez avant dans la pensée et la vie d'artistes tels que le constructeur des Tuileries ou l'auteur des cariatides du Louvre.

Estienne Pasquier, dans ses *Recherches de la France*, parle de la grande flotte des poètes que produisit le règne d'Henri II. S'il avait ajouté aux poètes les artistes, il aurait donné du coup la note exacte. En effet, ce règne s'ouvrait dans des circonstances favorables aux œuvres de l'esprit. Il n'y avait, après François Ier, qu'à suivre le courant des choses, et tout s'y prêtait. Les guerres du temps ne pesèrent pas lourdement sur la France; le protestantisme ne semblait pas encore un péril politique; la noblesse et les corps de l'État étaient soumis, la monarchie populaire et forte. Une aristocratie brillante, amie du luxe, éprise d'un certain beau, groupée dans le cadre somptueux de la cour, tout concourait à susciter et à exciter les poètes et les artistes.

Cet heureux concours de circonstances dura même sous le gouvernement de Charles IX et jusqu'à la fin du règne, malgré les premiers troubles des guerres de religion; ainsi l'on peut dire que la période de vingt-cinq ans environ qui s'étend entre 1547 et 1575 marque, sinon l'apogée de l'esprit français au XVIe siècle, du moins l'essor très puissant et très ample de son activité.

Quand on cherche à en déterminer les caractères dominants, on a d'abord à tenir compte d'un premier fait. Si délicates que soient toujours les délimitations chronologiques et les séparations dans le cours naturel des choses, qui ne connaît pas d'interruption, on peut cependant établir qu'avec François Ier une génération presque entière disparut. Marot était mort en 1544, trois ans avant le roi; Marguerite d'Angoulême allait mourir en 1549. Rabelais vers 1553 et, à compléter la liste, on verrait qu'aux environs de 1550 il survivait bien peu des hommes qui avaient fait l'honneur du précédent règne.

Avec eux c'était un esprit particulier qui s'éteignait.

Au même moment, à peu près, entrait en scène tout un groupe d'hommes dans le plein âge de l'activité et des espérances : le roi d'abord, né en 1519, puis Ronsard, né en 1524, du Bellay vers 1525, Lescot, de l'Orme, Goujon, dont on ne peut déterminer exactement la date, mais qui tous n'avaient certainement ni plus de quarante ans, ni moins de trente-cinq. Tous aussi, nous le savons par ce qu'ils ont dit et parce qu'ils ont fait, ardents, pleins de confiance en eux comme dans leurs idées, ambitieux de gloire, portés, comme tous les jeunes, à dédaigner les hommes et les choses qui les avaient précédés, favorisés d'ailleurs par un changement de règne, qu'accompagne presque toujours un changement d'influence.

Si l'on observe qu'à cette même date Luther venait de mourir (1546) et que Calvin restait seul pour représenter l'esprit de la Réforme et lui donner sa direction, on ne saurait s'empêcher d'être frappé de certaines coïncidences.

Ainsi cette génération, formée par la première, allait la continuer, en la désavouant et en l'exagérant à la fois ; elle allait, comme on l'a dit plus tard pour d'autres événements, terminer et organiser la révolution, formuler après coup la théorie des faits accomplis.

En ce qui concerne la littérature et l'art, elle apporta non pas des tendances, mais des idées nouvelles.

Dès la fin du quinzième siècle, on l'a vu, la France s'était laissé entraîner vers ce qu'on appelle la Renaissance, c'est-à-dire vers l'antiquité et vers l'Italie, et sa pensée avait largement puisé à cette double source d'inspiration. Mais ç'avait été pendant longtemps affaire de sentiment plus encore que de raisonnement.

L'admiration qui s'attachait aux œuvres de l'Italie, de la Grèce ou de Rome, n'empêchait pas qu'on restât attaché d'âme aux traditions nationales d'art ou de littérature. Les esprits demeuraient comme partagés entre l'hérédité d'un passé dont ils gardaient la conscience et l'admiration pour un monde inconnu qui se révélait à eux. De là, une complexité singulière de goûts et d'idées et, avec une inexpérience naïve, on dirait presque une maladresse charmante, des essais instinctifs de fondre ensemble les éléments nationaux et les éléments étrangers.

Ce fait se manifeste plus clairement qu'ailleurs dans l'histoire de l'art : non seulement on continua à construire des églises gothiques, comme

Saint-Merry, pendant qu'on élevait des monuments tels que l'Hôtel de Ville de Paris, mais encore on juxtaposa, on maria les deux styles dans des édifices tels que Saint-Eustache et Chambord. On sait à combien d'œuvres exquises a donné lieu cette tentative de conciliation, où plus tard les théoriciens de l'esthétique classique ne devaient plus voir que les restes *de la manière incorrecte de nos ancêtres.*

Cependant, peu à peu la doctrine se substituait à l'instinct, le raisonnement à l'inspiration. A côté des artistes ou des écrivains, les érudits entreprenaient l'étude méthodique de l'antiquité, ils y introduisaient la critique et non plus l'imagination ; puis la philosophie et la pédagogie intervenaient, décrétaient des règles, des principes, qu'elles entendaient imposer, proclamaient des lois là où il n'y avait eu d'abord que le libre développement de l'esprit français vivant et agissant.

Ces tendances coïncidaient précisément avec la venue de cette seconde génération d'hommes, que leur éducation et leur âge mettaient en opposition do pensée avec leurs devanciers.

Sous ces diverses influences, l'idée de la Renaissance se précisa ; elle devint théorique ; plus encore, elle devint dogmatique, par conséquent exclusive, et les principes qui dirigèrent alors les artistes et les écrivains se ramenèrent à ces deux conclusions : l'imitation voulue et raisonnée de l'antiquité, la rupture avec le moyen âge. Toute la Renaissance du XVIe siècle et tout le classicisme du XVIIe ou du XVIIIe sont là.

Les faits sont aussi probants que décisifs, et la constatation des dates et des œuvres a une signification qui n'échappera à personne, surtout si l'on rapproche les productions de la littérature et de l'art.

En 1545, Serlio publiait chez nous son premier *Livre d'architecture* où, suivant les expressions de Jean Goujon, « étaient assez diligemment escrites et figurées beaucoup de choses selon la règle de Vitruve, et a esté le commencement de mettre tèles doctrines en lumière au royaume ». En 1546, Jean Martin faisait paraître la traduction française du *Songe de Poliphile*, qui avait été pour l'Italie et allait être pour la France une grande école d'antiquité. Enfin, en 1547, Vitruve était pour la première fois traduit en français par ce même Martin : véritable événement dans l'histoire de notre art. Il semblait que l'éditeur en eût conscience, car l'ouvrage se présentait au public dans un appareil imposant, orné de splendides figures par Jean Goujon, qui écrivit même une sorte de

l'on entreprit lors contre l'ignorance....: *Je compare ceste brigade* (la Pléiade) *à ceux qui forment le gros d'une bataille.* »

Malgré quelques résistances isolées et bientôt impuissantes, la victoire resta aux champions des idées nouvelles ; Ronsard put s'écrier qu'il « entrait sacré poète au palais de Henri ». Le jour où, sous couleur de réconciliation, Mellin de Saint-Gelais s'inclina devant lui, ce fut en réalité la Renaissance de François Ier et de Marot qui abdiqua, et avec elle la vieille France.

Le dogmatisme antique allait triompher d'autant plus facilement et plus absolument que notre pays trouvait autour de lui moins de contrepoids aux tendances qui l'entraînaient vers le monde latin.

On n'ignore pas combien avaient été actifs les rapports entre la Flandre et la France au XIVe et au XVe siècle, et comment nos ancêtres avaient trouvé là les éléments d'un art rajeuni par le réalisme[1] ; or, au XVIe siècle, les événements politiques, au moins autant que la direction des esprits, nous éloignèrent des Pays-Bas, où dominaient nos adversaires les plus redoutables, Charles-Quint et Philippe II. D'ailleurs, les Pays-Bas

---

1. Voir ci-dessus, p. 9 et suiv.

devenaient tributaires de l'Italie en même temps que sujets de l'Espagne; la Renaissance les envahissait et les pénétrait pour un temps, leur art officiel allait se revêtir de classicisme. Ce n'était vraiment pas la peine d'aller chercher en Flandre un italianisme abâtardi. Tout au plus peut-on saisir, chez quelques artistes du Nord, certaines traces des traditions du passé ou retrouver çà et là dans notre art la marque de leur inspiration; elle se perdit le plus souvent dans le grand courant du classicisme. En tout cas, l'art flamand traditionnel ne fit pas chez nous corps de doctrine.

Il faut dire à peu près la même chose de l'Allemagne, bien qu'elle offre des phénomènes curieux à étudier et contradictoires : l'humanisme, la Réforme et le vieux génie germanique se fondirent ou pour mieux dire se heurtèrent de la façon la plus étrange dans sa pensée. Cela éclate dans l'architecture : le classique s'y étale avec exagération, mais avec maladresse. Il y ressemble à un article d'importation, il ne paraît pas être pour l'artiste œuvre d'assimilation, mais simple pastiche; ou bien, au contraire, il se déforme pour entrer dans le moule du tempérament allemand et produit des constructions massives, lourdes, hybrides, où les ordres romains s'accolent aux pignons gothiques et encadrent les fenêtres à meneaux du moyen âge.

Ce mélange, ces incertitudes mêmes, qui font de l'art allemand du xvie siècle un art très vivant et très original, l'empêchèrent d'avoir grande action chez nous, bien que nous ayons reçu quelques artistes d'au delà du Rhin. Le seul presque des Allemands qu'on voie cité quelquefois comme une autorité fut Albert Dürer, mort en 1528.

On a souvent dit que l'Italie fut l'inspiratrice suprême de la pensée française au xvie siècle. Cela demande une distinction et une explication, et reste plus vrai pour la première moitié que pour la seconde. Qu'il soit venu beaucoup d'Italiens en France, cela ne fait point de doute ; il en vint avec et après Catherine de Médicis ; il n'alla pas moins de Français en Italie : la cour de madame Renée de France, duchesse de Ferrare, devint quelque chose comme ce qu'avait été la cour de Nérac sous Marguerite de Navarre, un cénacle où fréquentèrent beaucoup de nos compatriotes. Il n'est guère d'hommes illustres qui n'aient franchi les Alpes, depuis les cardinaux jusqu'aux artistes ou aux écrivains. Jean Goujon (sur la fin de sa vie, il est vrai), Rabelais, de l'Orme, Brantôme, et plus tard Montaigne, voilà quelques-uns des noms qu'on rencontrerait sur un livre des touristes de ce temps.

Tout cela établit entre les deux peuples, quelquefois malgré eux, un contact de tous les instants; tout cela agit sur les idées, sur les sentiments, sur la mode et aussi sur la littérature ou l'art, mais moins directement peut-être qu'on ne l'a cru, ou, si on le préfère, l'action vint autant de l'Italie du passé que de l'Italie contemporaine, autant des morts que des vivants.

D'abord l'immigration des artistes et des écrivains péninsulaires diminua plutôt durant la seconde moitié du xvie siècle. Si l'on met à part Primatice, déjà établi en France depuis longtemps, et les artistes de son école, on rencontre relativement peu de noms ultramontains. Il se fit même peu à peu chez nous un mouvement de réaction contre les étrangers, qui finit par être assez violent et qui devait aboutir aux *Dialogues du langage françoys italianisé*, en 1578.

Quant à nos artistes qui allaient en Italie, il faut voir ce qu'ils y cherchaient et ce qu'ils y trouvaient. Dans la peinture et dans la sculpture, l'art classique de la Renaissance était en déclin à Florence et à Rome; même les disciples de Raphaël commençaient à s'espacer. Jules Romain était mort en 1546, on arrivait déjà à la génération des sous-imitateurs. Seul de tous les noms illustres du classicisme, Michel-Ange restait debout. Quant à l'École vénitienne, elle demeurait encore en plein éclat avec Titien, Véronèse et Tintoret, mais elle n'appartenait qu'à moitié au mouvement de l'humanisme antique. L'architecture, au contraire, demeurait plus agissante, plus vivante, avec Vignole, Palladio, même avec Michel-Ange, qui lui consacrait ses dernières années. Mais elle tendait de plus en plus à fonder ses théories (non pas ses œuvres) sur l'imitation des monuments grecs et romains.

Ainsi nos artistes trouvaient bien en Italie une inspiration contemporaine, dont on saisit facilement les marques dans les œuvres de la seconde moitié du XVIe siècle, et Jules Romain en particulier, ainsi que ses disciples, se suivent pour ainsi dire à la trace dans l'art d'Henri II ou de Charles IX, surtout dans les arts somptuaires. Mais ce fut comme une inspiration instinctive, inconsciente. Les théories, la raison d'être de notre art furent cherchées ailleurs.

Et d'abord, si l'on ouvre les ouvrages didactiques, on voit cités parmi les artistes passés à l'état de maîtres : Raphaël, Mantegna, Bramante, L.-B. Alberti, Michel-Ange, mais Michel-Ange considéré déjà comme un ancêtre.

Il n'est pas sans intérêt d'observer que l'imitation allait s'appliquer souvent à des œuvres entrées dans la postérité, car ces œuvres perdant, en quelque sorte, toute personnalité, prêtaient par là plus facilement à l'imitation imposée, donnaient matière au commentaire, à l'exégèse, c'est-à-dire encore une fois à la pédagogie. Quant aux architectes vivants, les Vignole et les Palladio, ils apparurent aux théoriciens comme les transmetteurs de la pensée antique dont ils étaient pénétrés; on chercha en eux moins eux-mêmes que les anciens [1].

En somme, l'Italie contenait une grande part d'antiquité : aller à elle, c'était toujours revenir indirectement à la Grèce et à Rome. On avait procédé de cette façon dans la première moitié du siècle, mais, dans la seconde, on remonta sans intermédiaire, par-dessus l'Italie de la Renaissance, à l'antiquité elle-même.

Dans la littérature, elle passa chez nous à l'aide des manuscrits latins ou grecs que, dès 1540, Pélicier, ambassadeur de François Ier à Venise, faisait copier ou recueillir, et qu'il disputait à l'ambassadeur de Charles-Quint aussi ardemment qu'une place conquise; elle passa par les traduc-

---

1. Il faut remarquer que leurs traités d'architecture n'ont été publiés que vers la fin de la période que nous étudions ici.

tions, qui s'étaient multipliées dans les dernières années de François Ier et qui devinrent, suivant l'expression de Sebilet : « le poème le plus fréquent et le mieux reçu des estimés poètes et lecteurs ». Elle passa enfin par l'étude critique, méthodiquement organisée, de sa langue, de sa civilisation, après que les érudits eurent trouvé au Collège de France un asile et un centre. Ronsard, on le sait, est un disciple de l'Université nouvelle.

Dans notre art, surtout dans notre architecture, l'antiquité pénétra non seulement par la lecture de Vitruve, qui devint le livre de chevet des artistes, mais aussi par l'étude directe et, comme on dit aujourd'hui, par le relevé de ses monuments. Jean Bullant nous apprend, dans la préface de son *Traité d'architecture*, qu'il avait « établi l'étude des ordres mesurés à l'antique au Théâtre de Marcellus, au Temple de la Fortune Virile, au Panthéon ». Philibert de l'Orme se trouvait à Rome vers 1533 ; il y mesurait « les édifices et antiquités avec grand labeur », dit-il, « frais et despens, selon ma petite portée, tant pour les eschelles et cordages que pour faire fouiller les fondements, afin de les connaître et pour retirer toutes choses rares et exquises en l'art d'architecture ».

En face de l'antiquité ainsi exhumée, que devenait notre passé national, tout ce qui avait été pendant si longtemps le génie de la France ? Il semble qu'à son égard on ait établi tout d'abord et comme instinctivement des distinctions. On glorifiait la nation française, on remontait même jusqu'aux Gaulois, on se plaisait à rappeler leurs triomphes, comme pour se dédommager de l'infériorité intellectuelle où l'on croyait être encore. On accordait même au moyen âge quelques mérites. Du Bellay reconnaît que depuis l'antiquité « les esprits des hommes n'ont pas esté si abastardis qu'on vouldrait bien le dire... Je ne produyrai pour tesmoins (ajoute-t-il) que l'Imprimerie, sœur des Muses et diziesme d'elles, et ceste non moins admirable et pernicieuse foudre d'artillerie, avecques tant d'autres non antiques inventions. »

Mais il ne voit pas la grande portée historique de cette observation, et d'ailleurs les conquêtes de l'esprit humain dans cet ordre d'idées comptaient pour peu aux yeux des gens du XVIe siècle ; pour eux la grandeur d'une civilisation se résumait essentiellement dans sa valeur littéraire ou artistique. Or, sur ce point, ils ne pouvaient s'empêcher de nous considérer comme des *barbares*, suivant l'expression du temps.

Leur doctrine était nette et simple.

Pour n'avoir connu les Grecs ni les Romains,

nos ancêtres étaient retombés dans l'ignorance, ils avaient perdu le sens des « règles ». De là, un langage non poli, l'invasion de la grossièreté; de là, dans l'architecture par exemple, la pratique, le métier, se substituant à la science. Même quand elle produit, comme l'avoue Philibert de l'Orme, des œuvres qui ont quelque valeur, « des façons de voûte (c'est la voûte à croisée d'ogives) bien exécutées et mises en œuvre », elle a le tort irrémédiable de ne pas être conforme aux règles, c'est-à-dire à Vitruve, et ceux qui ont *connaissance de la vraie architecture ne suivent plus ces façons.*

Ainsi, à prendre les théories, les aspirations, les efforts, à chercher quel est l'idéal, le guide des esprits, on voit combien ils sont toujours disposés à revenir à l'antiquité comme à la source de la « vérité ».

Même les écrivains qui ne sont pas de purs érudits n'échappent pas à cette sorte d'obsession : un homme d'action comme Guillaume du Bellay croit nécessaire, dans le prologue de ses *Mémoires historiques,* de faire appel à la Grèce et à Rome tout entières, pour y chercher des modèles que, fort heureusement, il n'a pas suivis, et il allègue pêle-mêle Thucydide, Hérodote, Tite-Live, Darès et Dictis, Corinnus, Callisthène, Philistus de

Sicile, et nombre d'autres inconnus, alors illustres. Il lui fallait tous ces garants pour qu'il osât entreprendre de raconter l'histoire de son pays. Nos jurisconsultes ne parlent plus que par le Digeste et le Code, ils ne voient souvent nos institutions qu'à travers le jour de Rome. Le Parlement, c'est l'héritier du sénat de la République; notre noblesse, c'est la chevalerie, non pas du moyen âge, mais de Rome : nos gentilshommes, les *Gentiles* : à preuve la Loi des Douze Tables.

De même nos artistes, après qu'ils ont cité Vitruve, le font passer dans leurs œuvres; ils introduisent partout la colonne et les ordres, les frises et les architraves, les bucranes, les modillons; ils plaquent des portiques corinthiens sur des constructions françaises, et quand Philibert de l'Orme bâtit les Tuileries, il s'en va chercher dans les origines de l'ionique le prétexte de sa décoration. Car l'ordre ionique « est pour édifier un palais ou un château de plaisir et donner contentement aux princes et aux grands, comme aussi l'ordre corinthien ». Et la raison pour laquelle *il a voulu le figurer au palais de la Majesté de la Royne, c'est pour autant qu'il est féminin et a esté inventé après les proportions et ornements des dames et déesses... comme nous ont apris les anciens.*

Quant aux sculpteurs et aux peintres, ou bien

ils prennent leurs sujets dans la mythologie, ou bien ils tournent leurs regards vers les statues antiques rapportées d'Italie, vers les moulages, vers les *Fontes du Primatice*, que François Ier avait fait exécuter à grands frais.

Il y avait là, pour la pensée française, des causes de faiblesse et même des dangers.

C'était d'abord dans l'imitation même, avec ce qu'a de factice le transport du génie d'un temps ou d'un pays dans un autre pays ou dans un autre temps.

C'était aussi dans les modèles qu'on imitait et dans la façon dont on les imitait Ils n'appartenaient pas à l'antique le plus pur; non seulement on ne connaissait pas l'art grec, mais les dernières fouilles (on l'a remarqué) avaient remis au jour et mis en honneur des œuvres d'un mérite secondaire : l'*Hercule*, le *Taureau Farnèse*, etc. Or l'esprit du temps, il faut insister là-dessus, ne faisait aucune différence, dès qu'il s'agissait de l'antiquité, entre le meilleur et le médiocre. Il devenait par là essentiellement compilateur.

Ainsi tout menaçait d'étouffer, chez les hommes du XVIe siècle, l'originalité et la personnalité. Heureusement la théorie ne put s'appliquer absolument comme le rêvaient ceux qui la formulaient.

Et d'abord, il se rencontra des écrivains, il se rencontra aussi des artistes qui s'abandonnèrent surtout à leurs instincts ou qui restèrent fidèles aux vieilles traditions : les Clouet, par exemple, ou leur école. On en trouverait d'autres aussi, qu'on n'a pas assez cherchés, parce qu'on ne cherchait que les représentants de l'art classique; on les trouverait parmi les membres des corporations, parmi les « maîtres maçons », dont parle un peu dédaigneusement Philibert de l'Orme, artistes en qui dura l'esprit du moyen âge et qui ont produit plus d'œuvres qu'on ne l'a cru.

Bien plus, les admirateurs passionnés des anciens ne laissèrent pas d'être partagés : sans le vouloir, presque sans le savoir, ils sortirent du cadre antique où ils voulaient s'enfermer.

Ce fait, que presque tous les siècles présentent à l'observation de l'historien, fut encore bien plus marqué à l'époque que nous allons étudier. Cela se conçoit du reste, car on en trouve peu où il y ait eu à la fois et comme en concurrence, même en conflit, des théories plus absolues et des personnalités plus fortes.

Il faudrait tenir compte d'abord du tempérament ethnographique, plus puissant à un moment où la pédagogie classique n'avait pas encore fait passer partout son niveau. Par l'action qu'exerça sur la littérature et la langue l'entrée en scène des méridionaux : Brantôme, du Bartas, même Montaigne, on peut juger du rôle que joua dans l'art, bien qu'à un moindre degré, cet élément de race. Il y eut aussi le tempérament individuel ; il y eut enfin la vie même, avec ses besoins, ses sentiments, ses passions, qui le plus souvent n'avaient aucun rapport avec l'antiquité.

Les poètes du temps avaient beau se remplir d'Horace, de Tibulle, de Catulle, se plaire à chercher la nature dans Théocrite ou Virgile, ils sentaient bien qu'ils ne pouvaient rendre une passion sincère avec des centons de latinité. On a souvent dit que les lettrés de ce temps érigèrent en théorie qu'il faut échapper au monde contingent et se réfugier dans l'asile du sage. Pourtant des hommes comme Ronsard se mêlèrent parfois aux luttes qui s'agitaient autour d'eux, de sorte que les questions politiques ou religieuses venaient bien un peu rompre, en y pénétrant, la belle harmonie idéale des théories antiques.

Enfin, si nous nous plaçons au milieu du XVIᵉ siècle, nous comprendrons facilement qu'il devait encore rester quelque chose du passé national et des traditions, aussi bien littéraires ou artistiques que politiques ou morales. Ce n'est pas avec un manifeste qu'on efface d'un coup ces traces vivantes, d'autant qu'on gardait avec l'amour du pays l'impression de sa grandeur de jadis. Le loyalisme monarchique, qui demeura l'inspiration des âmes françaises bien avant dans ce siècle, ne souffrait pas qu'on supprimât absolument la vieille France, qui faisait corps avec la monarchie.

A coup sûr, ces différents sentiments, communs aux écrivains et aux artistes, trouvèrent plus de place et aussi plus de facilité à s'exprimer chez les premiers que chez les seconds. L'art ne peut jamais avoir la même variété que la littérature, parce qu'il doit se couler dans le moule plus étroit de la plastique. Les règles ont ainsi plus de prise sur lui.

Seulement, il se présentait des conditions particulières qui dominaient en partie les artistes.

Architectes, ils avaient à construire des édifices destinés à des usages modernes : palais, châteaux, aussi bien que maisons ; il devenait par là nécessaire d'accommoder Vitruve à la pratique, donc de mettre quelque chose à côté ou même au-dessus de Vitruve. Peintres ou sculpteurs, ils pouvaient bien le plus souvent s'isoler dans la mythologie et sacrifier aux dieux grecs et romains; pourtant ils étaient sauvés de la pure abstraction par un sentiment qui, malgré toutes les théories, subsiste toujours chez l'artiste : l'amour de la forme physique, du nu, non plus seulement dans l'antique, mais bien dans l'être vivant. Cet instinct devait être plus puissant encore à une époque si entraînée vers le culte de la beauté féminine, même, si on veut l'ajouter, si portée aux jouissances sensuelles.

Ainsi s'explique qu'on rencontre partout autre chose que l'application des dogmes les plus énergiquement proclamés, et que fort heureusement nos artistes ou nos écrivains aient porté souvent deux hommes en eux : l'homme de théorie et l'homme d'action, qui parfois se mêlèrent, mais parfois aussi se séparèrent, si bien que les œuvres ne ressemblent pas toujours à la pédagogie.

D'abord, on observe comme une contradiction générale entre leurs doctrines de lettrés et leurs aspirations de patriotes, car le mot paraît dès ce temps.

Jamais on n'a tant attaché de prix à être Français qu'à cette époque où l'on parlait tant d'antiquité. Du Bellay, on le sait, consacre son manifeste à la défense et illustration de la langue française; il veut que notre langage « hausse la teste et d'un brave sourcil s'égale aux superbes langues grecque et latine »; il s'applaudit d'avoir *pénétré jusques au sein de la tant désirée France.* Pasquier parle sans cesse de la patrie; il écrit ses *Recherches de la France* (1561), comme Ronsard écrit la *Franciade.* Philibert de l'Orme a l'ambition de créer la colonne *française,* le style *français.*

Seulement ils croyaient tous que, pour être Français, il fallait, non pas continuer le passé national, mais prolonger le passé gréco-romain. Ils ne voyaient la France que dans Rome, ils se convainquaient que la pensée moderne était incapable de s'exprimer sans le secours de l'antiquité.

Il en résulta que l'art fut comme gêné entre la pratique et les théories, qu'il se composa pour ainsi dire de juxtapositions, de placages. Il en résulta aussi qu'il fut peu apte à exprimer son temps.

Laissons de côté les événements proprement dits, les faits politiques et militaires, que l'on peut considérer presque comme des événements extérieurs au temps où ils se produisent; du moins il exista à coup sûr un esprit français du XVIe siècle, une âme française qui, malgré sa complexité, nourrit cependant quelques sentiments très puissants et très simples. Par exemple, elle a été très croyante, bien qu'elle l'ait été d'une certaine façon, et elle a gardé dans sa croyance quelque chose des sentiments du moyen âge.

Eh bien! chez les maîtres nourris d'antique, ni la sculpture, ni la peinture, ni l'architecture, quand elles ont entrepris d'exprimer les croyances du temps, n'ont exprimé autre chose que la mythologie. Rien de plus païen que les figures du jubé de Saint-Germain-l'Auxerrois, décoré par Jean Goujon, ou les bas-reliefs de la chaire à prêcher des Grands-Augustins. La plupart des artistes sont des réformés. Qui s'en douterait dans leurs œuvres?

Philibert de l'Orme qui, dans la préface de son *Traité d'architecture*, a des accents vraiment sincères de foi ou d'humilité chrétienne, ne s'occupe que par allusion de la construction des églises. En effet, églises ou palais sont œuvres d'art, c'est-à-dire de pure théorie. C'est là un fait nouveau et durable.

L'art de la seconde moitié du XVIe siècle n'a donc pas ce qu'on pourrait appeler la sincérité historique, et si l'on ne cherchait en lui que la manifestation directe de l'époque, il apparaîtrait déplorablement vide ou insuffisant.

Mais il faut y trouver autre chose, l'adaptation

ingénieuse de l'antiquité ou sa transformation en des œuvres originales par l'instinct de personnalités extrèmement fortes. Ou bien l'élégance native, la distinction, le sens des belles formes ou des formes charmantes, le sentiment de la décoration, la fantaisie, l'invention qui consista, non pas à réaliser des conceptions nouvelles, mais à semer de variations le thème italien ou antique.

C'est seulement chez les artistes médiocres que nous retrouvons les principes dans leur pure application, c'est-à-dire chez ceux qui ont pensé par les leçons des maîtres, qui ont pris au pied de la lettre les théories proclamées si solennellement. Elles nous apparaissent alors dans tout le vide de leur conception ou la banalité de leur inspiration.

On voit la complexité, la difficulté, mais aussi l'intérêt du problème à résoudre, ramené à ces trois idées qui forment toujours le fond d'une étude historique sur la Renaissance.

Au milieu du xvi⁰ siècle, une pédagogie, des hommes, des traditions se trouvaient en présence. Comment se sont combinés ces trois éléments? Comment le vieux génie français a-t-il fini par disparaître devant le génie antique? Comment le génie antique à son tour s'est-il effacé parfois devant le génie personnel?

Pour le savoir, sortons de l'abstraction des doctrines; allons droit aux hommes et aux œuvres : Un Lescot, un Jean Goujon (aussi bien qu'un Ronsard) nous montreront ce que pouvait réaliser un artiste en s'inspirant de l'antiquité, un Clouet, un Palissy, les praticiens obscurs, constructeurs d'églises, en l'ignorant.

A PROPOS DES CARRACHE

ET DE

L'ART ITALIEN DU XVIIe SIÈCLE [1]

———

Il n'y a guère d'exemple plus éclatant des révolutions du goût en matière artistique que la destinée des Carrache et des peintres de l'École bolonaise, le Dominiquin, le Guide, l'Albane, Guerchin, etc. Pendant deux siècles entiers, ces artistes, et surtout leur chef, Annibal Carrache, ont été considérés comme des maîtres, à l'égard desquels on ne trouvait pas assez de termes d'admiration [2].

Au XVIIe siècle, notre Académie de peinture

———

1. Extrait du *Bulletin de la Société de l'histoire de l'Art français*, année 1911.

2. Voir entre autres, Félibien, *Entretiens sur les vies et les ouvrages des plus excellents peintres*, t. I, p. 136 ; Dupuy de Grez, Galloche, cités dans Fontaine, *Les doctrines d'art en France*, p. 91 et 236.

étudie Annibal, le Guide, le Dominiquin, aussi bien qu'elle étudie Raphaël et Poussin. Au XVIIIe, il s'agit toujours de la « fameuse école des Carrache, comme de la plus fidèle interprète de Raphaël et de l'antique ». Le président de Brosses, médiocre autorité, il est vrai, mais qui suit son temps, s'écrie : « Quels éloges pourrais-je vous faire de la galerie (Farnèse), peinte par Annibal Carrache, qui ne fussent tout à fait au-dessous de ce que l'on doit dire? Cette galerie est de la première classe des vastes compositions. Tout mis en balance, elle va de pair avec les grands ouvrages de Raphaël. » Avouons qu'il gâte la valeur de cet éloge, en ajoutant, avec la désinvolture d'un Français de l'époque de Louis XV, « qu'on a l'agrément de trouver là des images riantes, au lieu de ces perpétuels sujets de dévotion, si rebattus en Italie »[1]. Mais Cochin, plus sérieux, goûte fort les tableaux italiens du XVIIe siècle[2], même de peintres qu'aujourd'hui nous avons complètement oubliés. Et David, écrivant en 1784 qu'il ne pouvait plus voir le Calabrese, Pierre de Cortone, etc., ajoutait : « Mais aussi, en revanche, combien les Ra-

---

1. De Brosses, *Lettres* (publiées sous le titre *L'Italie il y a cent ans*, 1836), t. II, p. 145.
2. Cochin, *Voyage d'Italie, passim.*

phaël, les Carrache, le Dominiquin et surtout l'antique y ont gagné! [1] »

Encore au début du XIXe siècle, le peintre Le Carpentier exprimait évidemment l'opinion courante, quand il disait : « Tout le monde prononce le nom de Carrache ; c'est un de ces noms privilégiés passés presque en proverbe dans les arts, pour exprimer quelque chose de grand, de beau, de noble. C'est beau comme le Carrache, c'est savant comme le Carrache, c'est dans le genre du Carrache [2]. »

Puis vient la réaction, poussée, comme toujours, à l'extrême. Il est notable que, dans l'hémicycle de l'École des beaux-arts peint entre 1837 et 1841, Paul Delaroche, un homme de juste milieu pourtant, ait exclu tous les Bolonais, sauf le Dominiquin, proscrivant même Annibal, le fondateur de l'École, et qu'il ait donné une place à son rival, le Caravage, le chef des réalistes.

En 1893, le Musée du Louvre exposait encore les œuvres des maîtres italiens de la fin du XVIe et du XVIIe siècle. Vers 1895 ou 1896, elles disparurent presque entièrement. Sur vingt-sept

1. Lettre à Vien (*Archives de l'Art français*, 1907, p. 327).
2. Le Carpentier, *Galerie des peintres célèbres*, 1821, t. I, p. 57. Taillasson, qui est un écrivain intelligent, s'exprime à peu près dans les mêmes termes (*Observations sur quelques grands peintres*, 1807, p. 58-61).

Carrache, il en reste six ou sept; sur treize Dominiquin, deux; sur vingt Guide, sept ou huit; sur quinze Guerchin, quatre [1]. Je ne parle pas d'autres artistes livrés à l'entier oubli. La plupart des tableaux épargnés sont relégués au plus loin de la cimaise ou dans la petite salle, annexe de la grande galerie, qu'on traverse sans s'y arrêter, car on y voit rarement clair, même en plein jour. On songe à ce vers du poète :

Abstulit atra dies et funere mersit acerbo.

Évidemment, un grand nombre de ces œuvres n'avaient que peu de valeur ou d'agrément. Pour le moment, je n'apprécie pas, je constate.

Il en est résulté qu'on a peu à peu cessé non seulement de goûter, mais au moins autant de connaître les maîtres des écoles italiennes du XVIIe siècle ou de la fin du XVIe. Non seulement on ne sait rien sur les œuvres postérieures à la date de 1550, mais on ignore les noms des artistes. Autant la bibliographie est riche, on serait tenté parfois de dire surabondante, sur le XVe siècle et la première moitié du XVIe, autant

---

1. Voir les anciens livrets de Villot et de Tauzia. Les chiffres que je donne sont approximatifs (à un ou deux près), parce que certaines toiles peuvent avoir été placées dans des escaliers ou corridors, et échapper ainsi aux recherches.

elle est désespérément vide sur les maîtres de l'époque qui suit. Les guides d'Italie les passent sous silence. Pourquoi les mentionner, puisque les touristes ne s'y intéressent plus? Burckhardt qui, dans son *Cicérone*, consacre à cette période un certain nombre de pages, mêlées d'observations pénétrantes et de dogmatisme arbitraire, fait l'aveu suivant[1] :

« Le palais de Caprarola, construit pour les Farnèse par Vignole, décoré par les Zuccheri (F. Zucchero, dit-il ailleurs, connu du monde entier en 1579), était jadis un lieu de pèlerinage pour tous les amateurs. Même ceux qui passent leur vie à Rome y vont à peine. » Lui, auteur d'un guide, ne l'a vu que de loin.

En dehors de toute question de goût, il est certain qu'il y a quelque chose de grave à supprimer ainsi plus d'un siècle d'histoire, surtout quand il s'agit d'hommes qui ont été pendant près de deux cents ans des maîtres reconnus en Europe. Notre art français ne se comprend pas pleinement sans eux.

Or voici qu'on s'est remis à les étudier; non pas chez nous d'abord, mais en Italie et en Allemagne, et c'est de cela qu'il faut que nous soyons

1. *Le Cicérone*, p. 249, 253.

avertis. En 1900, Fraschetti[1] publiait un gros et important ouvrage sur le Bernin; en 1906 paraissait un article, qui est un livre, sur la *Galerie Farnèse, les Carrache et leurs disciples*; Gurlitt et Wölfflin avaient déjà écrit en 1887 deux livres sur le style baroque, Gustave Ebe, deux volumes (d'ailleurs un peu superficiels) sur la fin de la Renaissance dans les âges modernes. Depuis ce temps, les études se sont multipliées de l'autre côté du Rhin ou des Alpes. On commence à les aborder chez nous[2].

Il faut donc, non pas même prévoir que le problème se posera, mais constater qu'il se pose. Bien plus, il faut prévoir, car c'est la marche constante des choses, surtout en matière d'art, qu'étudiés, ces artistes seront au moins compris, pour débuter, puis réhabilités, et peut-être avec excès.

Que vaut donc cet art italien, et peut-on continuer à employer à son égard le mot de décadence, aujourd'hui d'un usage courant?

---

1. Fraschetti, *Il Bernini. La sua vita, la sua opera, il suo tempo*, 1900; Tietze, *Annibale Carraccis Galerie im Palazzo Farnese und seine römische Werkstätte (Jahrbuch der Kunsthistorischen Sammlungen des allerhöchsten Kaiserhauses*, 1906, p. 50-182).

2. Gurlitt, *Geschichte des Barockstils in Italien*, 1887; Wölfflin, *Renaissance und Barock*, 1887, 2ᵉ édit. augmentée, 1907; W. Weibel, *Jesuitismus und Barocksculptur in Rom*, 1909; Gust. Ebe, *Die*

Décadence de l'Italie à la fin du XVIᵉ et au XVIIᵉ siècle? Certainement non, si l'on ne s'attache pas à une esthétique exclusive et intransigeante. Encore bien moins, si l'on cherche dans ce pays des traces de l'activité intellectuelle. Celle-ci est aussi grande, aussi intense que jamais, et l'on en prend surtout l'idée lorsque, au lieu d'étudier séparément la peinture, la sculpture et l'architecture, on les rapproche : ce qu'il faudrait toujours faire. La liste des artistes est tellement fournie que je recule à la reproduire. Il faut songer qu'entre 1560 et 1660 environ, on trouve les Carrache, Carlo Maderna, le Josépin, le Caravage, le Guide, l'Albane, Lanfranc, le Dominiquin, Ribera, Guerchin, Pierre de Cortone, Bernin, Borromini, l'Algarde, Carlo Rainaldi, le Guaspre, le Calabrese, Salvator Rosa, Castiglione, Maratta, même Luca Giordano, né en 1632, et tant d'autres, que je suis obligé d'omettre; que ces artistes ont été prodigieusement féconds; qu'ils ont rempli de leurs œuvres toutes les villes d'Italie, et qu'on a pu dire que le style baroque avait couvert de monuments le nouveau monde en même temps que l'Europe[1]. C'est parfaite-

---

Spätrenaissance, 2 vol., 1886; Corrado Ricci, *L'Architecture baroque*, 1911, etc.

1. Ebe, *Die Spätrenaissance* (introduction).

ment vrai; il s'est répandu jusqu'au Mexique, au Pérou, par les Jésuites. Si l'on ajoute à ces noms ceux des créateurs de la musique moderne et de l'opéra, Caccini, Peri, Monteverde, on avouera que peu de pays offrirent le spectacle d'un tel mouvement d'idées, et que méconnaître une pareille époque, c'est manquer à la vérité de l'histoire.

Mais qu'importe cette activité si elle n'a réalisé que des œuvres médiocres ou banales?

L'opinion que nous en gardons tient beaucoup, je crois, à la façon dont ces artistes étaient représentés au Louvre. Nous n'avions pas le meilleur de leur production; il s'en faut du tout au tout. Elle tient aussi à ce que pendant longtemps on a cherché en eux uniquement des représentants du classicisme, et connu de leurs œuvres celles seulement qui semblaient répondre à cet idéal. Envisagés ainsi, ne craignons pas de dire que les Carrache et leurs disciples ne surent réaliser que de pâles imitations des maîtres consacrés. Tout ce qu'ils conçurent dans cet esprit ne peut plus nous intéresser. Sur ce point, la cause me paraît entendue et perdue.

Mais il faut savoir que ces artistes ne sont pas contenus dans cette formule étroite. D'abord, presque tous furent, à commencer par les maîtres

Phot. Alinari.

LA CHASSE DE D'ANE (DU DOMINIQUIN) (FRAGMENT).

Phot. Alinari.

ANCHISE ET VÉNUS (GALERIE FARNÈSE).

de l'École, de prestigieux décorateurs. La galerie Farnèse, qu'on peut prendre comme prototype de l'art du XVIIe siècle, est une des plus remarquables créations de l'imagination artistique, belle par la composition, l'heureuse fantaisie, la hardiesse, le dessin, même la couleur, quoi qu'on en dise. Il en est sorti toute une lignée d'œuvres, auxquelles nous devrions revenir, aujourd'hui que nous affectons de restaurer la peinture décorative, et qu'on goûterait, si l'on consentait à les regarder : coupoles d'églises, plafonds de palais, etc.

Allons plus loin : même dans leurs tableaux, le Guide, le Guerchin, le Dominiquin ont fait preuve souvent d'invention, d'ingéniosité, de pittoresque, de fantaisie. Ils ont eu des trouvailles heureuses, des trouvailles de peintres. On les déclare ennuyeux : ils le sont plus d'une fois, et cela arrive à d'autres, car il y a bien des manières de l'être. Mais les apôtres du grand leur reprocheraient peut-être de manquer de gravité. Ils ont en effet traité la mythologie, l'histoire, même la religion, avec une désinvolture, un laisser aller qui déconcerte. Elles furent surtout pour eux l'occasion de peindre des femmes belles, somptueusement parées, des décors de palais splendides. Ce sont des anecdotiers et, par là, ils représentent quelque chose de leur temps.

Encore ne parlé-je ici que de la suite des Bolonais. On a pardonné aux réalistes de l'école du Caravage [1], mais est-il certain qu'on ne les a pas un peu oubliés? La peinture napolitaine réserve bien des surprises [2] : Salvator Rosa, le Calabrese, Giordano, des peintres presque inconnus, tels Micco Spadaro, Concha, etc., ont eu des audaces de conception et de couleur égales à celles de nos modernes.

Je ne parle pas du Bernin [3], parce que le voici remis en pleine lumière. Il ne serait pas impossible qu'il entraînât à sa suite quelques-uns de ses contemporains, l'Algarde, Du Quesnoy, ou de ses élèves, et aussi quelques architectes de la même époque.

Quoi qu'il en soit, et en laissant de côté les questions de goût, où cependant il est possible d'introduire une certaine objectivité, quand on veut bien se dégager des théories à priori, l'étude de cet art soulève certains problèmes que, dans

1. Tous leurs tableaux ont été maintenus dans les salles du Louvre.

2. Elle vient d'être étudiée dans un livre de Rolfs, *Die Malerei Neapels* (1910), dont les illustrations, à elles seules, sont révélatrices.

3. Marcel Reymond, *Le Bernin (Grands maîtres de l'art)*, 1911. *L'autel du Val-de-Grâce et les ouvrages du Bernin en France (Gazette des Beaux-Arts*, mai 1911). Alfassa, *Le cavalier Bernin (Revue de l'Art ancien et moderne*, 1911).

l'état des choses, on ne peut plus se contenter de négliger.

En premier lieu, quelle place y tient l'idée chrétienne? Tout récemment encore, M. Marcel Reymond a fait honneur aux Carrache d'avoir restauré la grande peinture religieuse [1]. Malgré la haute et légitime autorité de l'écrivain, je ne saurais admettre cette thèse sans réserve. Sans doute, il y a lieu d'invoquer l'effort de renaissance catholique en Italie, l'œuvre des ordres monastiques, surtout des Jésuites, le rôle de certains papes, celui du Concile de Trente. Mais je crois que, si l'influence de ces idées et de ces sentiments se fit sentir, ce fut surtout dans la seconde moitié du xvie siècle, et je verrais en Baroccio (1528-1612) le grand représentant de cet art jésuitico-mystique. On en retrouvera quelque chose dans le Bernin, bien moins chez les peintres.

Quand on examine sans parti pris les nombreux tableaux où les Carrache, le Guide, le Guerchin ont abordé les sujets de piété, on y trouve du sérieux, de la dignité, même de la gravité, la même gravité exactement que dans certains de leurs tableaux d'histoire. Cela vient de Raphaël, c'est-à-dire du classicisme, d'une théorie bien plus que d'un sentiment.

1. *L'École bolonaise* (*Revue des Deux Mondes*, 1910).

C'est que l'Italie du XVIIe siècle est très complexe ; à côté d'un essor religieux très particulier et très mélangé, il y a comme un renouveau d'adoration de la beauté physique. Les écrivains expriment l'amour dans toute sa fougue païenne. L'*Aminta*, du Tasse, l'*Adone*, de Marini, sont des œuvres très osées ; même dans la *Jérusalem délivrée* on trouve des tableaux d'une singulière audace. Les Carrache ont eu, pourrait-on dire, la passion de la chair. Augustin a dessiné des « lascivetés », pour employer le terme le plus modéré, il en a porté quelque chose à la galerie Farnèse, s'il est, en effet, l'auteur de l'*Aurore et Céphale* et de *Vénus et Anchise*. Mais Annibal ne lui cède guère dans le *Jupiter et Junon*[1]. Cela ne va pas avec un véritable christianisme. M. Marcel Reymond lui-même observe aussi chez le Bernin cet amour de la chair, surtout féminine.

Voici un autre problème.

On sait que Courajod a beaucoup insisté sur l'influence de l'art italien du XVIIe siècle. Avec sa clairvoyance habituelle, à laquelle s'ajoutait cette sorte de perspicacité que donne la passion, il a suivi toutes les traces de l' « italianisme » dans

---

1. Que les saletés des Dieux... et les autres nudités du Carrache aient été faites pour des princes de l'Église et qui se disent les successeurs des Apôtres, le Palais Farnèse en est la preuve (La Bruyère, *Caractères*, éd. Servois, t. II, p. 170).

la France d'alors. Sa démonstration restera, je crois. Il suffit de voir les œuvres et d'étudier les théories du temps pour apprécier ce qu'il en faut garder.

Je me suis borné à observer ailleurs[1] qu'il y aurait peut-être, sur cette question, à distinguer entre les doctrines de l'antiquité et de la Renaissance, devenues au xviie siècle des théories générales sans nationalité (tout comme le gothique à un certain moment), et l'art des Carrache et de leurs successeurs immédiats, qui était encore, au xviie siècle, à l'état d'art étranger contemporain et vraiment italien.

Je me suis demandé également si cette influence avait été de tous points néfaste, et si elle ne nous avait pas préservés de l'abstraction des théories classiques, dans un temps où la raison menaçait de tuer l'imagination. L'art italien du xviie siècle avait des défauts graves, admettons-le — jusqu'à nouvel ordre —, mais il possédait un grand mérite, celui de vivre : il a son prix.

On le voit, étudier cette école, c'est aborder des problèmes dignes de tenir une place dans l'histoire de l'art. Connaître ses œuvres, c'est peut-être élargir son goût et se préparer des sen-

1. *L'art français au temps de Louis XIV*, p. 342.

sations artistiques nouvelles. Tout vaut mieux en pareille matière que l'ignorance et le dédain systématiques où l'on s'est comme isolé depuis si longtemps. Il y a là pour les jeunes historiens de l'art un ordre de travaux féconds.

LES
DÉBUTS DE L'ACADÉMIE ROYALE
D'ARCHITECTURE [1]
(1671-1699)

En France, comme en Italie, la forme académique est une des caractéristiques de l'organisation intellectuelle au XVIIe siècle. Elle s'est plus particulièrement développée sous le règne de Louis XIV par l'action de Colbert.

A l'Académie française et à l'Académie de peinture et sculpture, établies avant lui, il ajouta, en

1. Voir *Procès-verbaux de l'Académie royale d'architecture* (1671-1793), publiés pour la Société de l'histoire de l'art français, sous le patronage de l'Académie des Beaux-Arts, par Henry Lemonnier, t. I et II (1671-1696), 1911 et 1912. Je reproduis ici, mais en les modifiant sur certains points, les introductions des deux premiers volumes. — *Dictionnaire de l'Académie des Beaux-Arts,* t. I. — Jules Guiffrey, *Les Anciennes Académies de peinture et d'architecture (Séance publique des cinq académies du 25 octobre 1909).* — Aucoc, *L'Institut de France. Lois, statuts... de 1635 à 1889.*

1663, la Petite Académie (la future Académie des inscriptions et belles-lettres) et, en 1666, l'Académie des sciences. Il est surprenant qu'il n'ait pas songé plus tôt à une Académie d'architecture ; il l'institua à la fin de l'année 1671 [1]. Elle devait durer jusqu'en 1793.

A la différence des deux autres, les Académies de peinture et d'architecture ne furent pas seulement des réunions d'hommes se rassemblant pour s'entretenir de leurs travaux et de leurs études ; elles constituèrent aussi des écoles d'enseignement artistique [2]. Leur histoire se rattache ainsi très étroitement à l'histoire même des arts.

1. La vraie date de la fondation est bien 1671. Ce qui a trompé quelques historiens, c'est que l'Académie n'étant pas établie en vertu de lettres patentes vérifiées en Parlement fut pendant longtemps considérée comme n'ayant pour ainsi dire pas d'existence officielle. C'est pourquoi les lettres de février 1717 furent intitulées : *Lettres patentes portant établissement d'une Académie d'architecture*. En réalité, elles sont purement confirmatives : « Nous avons résolu de confirmer l'établissement de l'Académie d'architecture, qui en a été projeté et résolu dès l'année 1671.... Mais comme cette Académie n'a point été autorisée par des lettres patentes, Notre très cher et très aimé cousin le duc d'Antin... Nous a fait observer qu'il étoit nécessaire de faire des statuts et règlements pour la rendre plus célèbre, plus considérable, plus ferme et plus stable ». Or, les règlements de 1717 n'ajoutent que fort peu de chose à ceux de 1671 et surtout de 1699 (voir ci-dessous, p. 131). Le cas de l'Académie d'architecture est assez fréquent dans l'histoire des institutions de l'ancienne monarchie. Les lettres patentes de 1717 sont reproduites dans Aucoc, *L'Institut de France. Lois, statuts... de 1635 à 1889*, p. CLXVII et suiv.

2. Le mot « académie » a plusieurs sens au XVIIe siècle : société littéraire, école, établissement pour la pratique de certains

L'architecte François Blondel [1], qui eut sans doute une assez grande part dans la fondation de l'Académie d'architecture, en a exposé les raisons générales, en même temps qu'il a tracé les grandes lignes de son organisation.

Parlant des travaux exécutés dès les premières années du règne de Louis XIV, il ajoute : « Sa Majesté, considérant que la seule vue de ces édifices ne donne que de faibles lumières, si les beautés n'en sont expliquées, a voulu pourvoir plus directement à l'instruction des artistes.

« C'est pour cet effet qu'Elle a établi dans Paris, sur la fin de l'année mil six cent soixante et onze, l'Académie d'architecture, composée de bon nombre de sujets, qui ont esté choisis comme les plus capables dans cet art, tant parmy ceux qui en faisoient profession qu'ailleurs, afin de travailler au rétablissement de la belle architecture, et pour en faire des leçons publiques.

« Elle a donc voulu premièrement que ces architectes, s'appliquant sérieusement à l'étude, s'assemblassent un jour de chaque semaine pour conférer et se communiquer leurs connoissances. C'est aussi dans cette Académie où Sa Majesté

arts. C'est ainsi qu'on eut l'Académie de France à Rome, l'Académie de danse et l'Académie de musique. Colbert songea aussi à une Académie des spectacles.

1. Voir sur lui les p. 134-137, ci-dessous.

a voulu que les règles les plus justes et les plus correctes de l'architecture fussent publiquement enseignées deux jours de chaque semaine, afin qu'il s'y put former un séminaire, pour ainsi dire, de jeunes architectes. Et, pour leur donner plus de courage et de passion pour cet art, Elle a ordonné qu'il soit de temps en temps proposé des prix pour ceux qui réussiront le mieux, dont Elle choisira un bon nombre, qu'elle envoyera ensuite à ses dépens à Rome[1]. »

« Néanmoins, comme il est vray que la connoissance des préceptes de l'architecture ne suffit pas toute seule pour faire un architecte, cette qualité supposant beaucoup d'autres lumières, Sa Majesté a voulu que, pendant la seconde heure des leçons de l'Académie, l'on enseignât publiquement les autres sciences qui sont absolument nécessaires aux architectes, comme sont celles-cy : la géométrie, l'arithmétique, la mécanique, c'est-à-dire les forces mouvantes, les hydrauliques, qui traitent du mouvement des eaux, la gnomonique ou l'art de faire les cadrans au soleil, l'architecture militaire des fortifications, la perspective, la coupe des pierres et diverses autres parties de mathématique[2]. »

1. Blondel, *Cours d'architecture*, Préface, p. [2-4].
2. *Id.*, *ibid.*, [p. 4, 5].

Tel fut en effet le programme, qu'on peut résumer ainsi : les architectes étudieront et formuleront entre eux les règles de leur art, voilà pour l'Académie : ils les communiqueront par l'enseignement à des disciples, voilà pour l'École. On verra que ce double rôle s'élargit encore, et que la compagnie fut amenée à faire fonction d'un corps consultatif sur toutes les matières qui concernent l'art de bâtir et même la pratique de la construction.

Son histoire est en grande partie écrite dans les procès-verbaux qu'elle rédigea, dès le premier jour de son installation, et qui permettent de suivre au jour le jour ses travaux [1].

La Compagnie ouvrit ses séances, le 31 décembre 1671, « en présence de monseigneur Colbert et de plusieurs personnes de qualité ». Elle comptait alors six membres : Libéral Bruand, Daniel Gittard, Antoine Le Paultre, François Le Vau, Pierre Mignard, François d'Orbay. François Blondel en était le directeur, André Félibien, le secrétaire.

---

1. Les originaux forment onze registres déposés au secrétariat de l'Académie des Beaux-Arts. Il en existe aux Archives nationales (O¹ 1929-1929¹¹) une copie faite par les soins du marquis de Laborde, qui avait compris l'importance de ce texte. On a vu ci-dessus que la Société de l'histoire de l'art français en a entrepris la publication.

Le souvenir de la cérémonie fut consacré par une médaille, qui portait en face le portrait du Roi et au revers une Minerve assise, avec en exergue les mots : Regia architectonices Academia instituta, et la date MDCLXXI.

L'Académie était rattachée à la surintendance des Bâtiments. A la différence de l'Académie de peinture et sculpture, elle ne se recrutait pas elle-même ; elle n'avait ni le droit de cooptation, ni celui de présentation. Ses membres étaient nommés par le Roi, en vertu d'un brevet royal, dont la formule nous est donnée par le brevet de nomination de d'Orbay [1]. Lorsque Mansart prit séance à

---

1. « Aujourd'huy, dix-huitième décembre mil six cens soixante unze, le Roy estant à Saint Germain en Laye, sur le bon et louable rapport qui a esté fait à Sa Majesté de la suffisance et capacité que le sr d'Orbay s'est acquise, tant dans la théorie que dans la pratique de l'architecture, Sa dite Majesté, désirant le gratifier et traiter favorablement, l'a nommé pour un de ceux qui doivent composer l'Académie d'architecture, qu'elle désire establir en sa bonne ville de Paris, pour assister aux conférences qui se feront dans ladite Académie, y dire son advis, et contribuer autant qu'il pourra par sa science et ses lumières à l'avancement d'un art si recommandable. Veut et entend Sa Majesté qu'il jouisse des gages qui luy seront réglés par le sr Colbert, surintendant et ordonnateur général de ses bâtiments, arts et manufactures de France; et, pour témoignage de sa volonté, Sa dite Majesté m'a commandé de lui expédier le présent brevet, qu'elle a voulu signer de sa main et fait contresigner par moy, son conseiller d'État et de ses commandemens et finances.

« *Signé* : Louis.

« *Et plus bas* : Colbert. »

(*Archives de l'Art français* [Documents], 1853-1855, t. III, p. 261.)

l'Académie, le 23 décembre 1675, le procès-verbal porte : « Monsieur Mansart, que monseigneur Colbert a joint à l'Académie, en conséquence du brevet de S. M. du 22 novembre 1675, où il a esté reçu pour y assister doresnavant, aux désirs du Roy[1]. »

Le directeur, désigné par le Roi, était classé à part. Dans le procès-verbal de la première séance, il n'est pas nommé parmi les six « architectes choisis par Sa Majesté[2] ». On dit seulement que « le sieur Blondel fera leçon publique d'architecture », tous les mardis et vendredis. Son vrai titre est celui de professeur. Sa qualité de directeur résultait de ce qu'il « tenait les conférences »[3], et l'on constate en effet que, dès le début, c'est lui qui indique l'ordre des travaux[4].

Le secrétaire figure également à part; Félibien écrit qu'il « assiste dans l'assemblée et y tient le

---

1. *Procès-verbaux*, t. I, p. 106.

2. *Procès-verbaux*, t. I, p. 2 et 3. Voir aussi Félibien, *Des principes de l'architecture*, etc. Préface, [p. 10].

3. Il touche chaque année des gages de 1,200 livres, « pour y tenir (à l'Académie) les conférences d'architecture et l'enseigner publiquement » (*Comptes des Bâtiments du Roi...*, publiés par Jules Guiffrey, t. I, col. 657, 721, etc.). Voilà, bien indiqués, les deux titres.

4. « Et pour commancer, ledit sieur Blondel a dit que, dans la première assemblée... ». — « M. Blondel ayant fait une récapitulation de ce qui avoit été dit et arresté, etc. ». Séances du 31 décembre 1671 et du 14 janvier 1672 (*Procès-verbaux*, t. I, p. 3 et 4).

registre des délibérations en qualité d'historiographe du Roi [1] ».

Entre autres privilèges, les membres de l'Académie avaient celui de porter seuls le titre d'architectes du Roi, à l'exclusion des maçons, entrepreneurs, etc. Il leur fut assuré par un arrêt du Conseil royal en date du 7 mars 1676. Il est probable qu'il faut y ajouter le droit de *committimus* et certaines exemptions de charges.

Le Roi pourvoyait à l'entretien de l'Académie d'architecture, en même temps que de l'Académie de peinture et de l'Académie de France à Rome. De 1673 à 1679, les dépenses pour les trois corps s'élevèrent à 30 000 livres par an; en 1680, elles montèrent à 40 000. Les membres touchaient 500 l. par an, comme « architectes du Roi », et en outre un traitement, qui semble avoir varié suivant leur assiduité et avoir été établi sur le pied de 11 l. par membre, « pour chaque assistance » aux conférences.

Pendant les premières années, la composition de l'Académie a été incertaine et flottante. On voit figurer parmi les signataires des procès-verbaux, à un très grand nombre de séances [2],

---

1. *Des principes de l'architecture*, etc. Préface, [p. 10].

2. Nous avons étudié la question dans l'introduction du t. 1 des procès-verbaux, p. xviii-xxii. Il faut observer d'ailleurs que

des personnages qui n'avaient cependant ni le titre, ni les privilèges des académiciens proprement dits. Le cas de Claude Perrault est particulièrement intéressant et discutable ; d'autres signataires sont des fonctionnaires de la surintendance des Beaux-Arts. Après 1683, la Compagnie tendit à se resserrer et à se condenser en un petit nombre de membres, pris parmi les architectes de profession ; les fonctionnaires de l'administration ne vinrent plus aux séances, tout au moins, ne signèrent plus. En outre, le Roi ne nomma — en général — de nouveaux académiciens qu'en cas de vacance d'un siège, de sorte que le nombre des membres se trouva limité en fait, mais cette règle même reçut au moins deux exceptions. Jusqu'en 1699, tout resta empirique dans l'organisation.

De 1671 à 1694, sous Colbert, Louvois ou Villacerf, successivement surintendants des bâtiments, l'Académie accomplit régulièrement la tâche qui lui avait été dévolue. Mais, à cette dernière date, son existence fut un moment mise

les signatures ne prouvent peut-être pas toujours la présence des signataires. On trouve celle de Blondel à la suite d'une séance, où il est signalé comme malade (16 janvier 1673) ; six signatures sur huit, alors que le procès-verbal mentionne que l'Académie ne délibère pas, les membres étant trop peu nombreux (13 février 1673), etc.

en question. La guerre de la Ligue d'Augsbourg durait depuis six ans ; elle entraînait des dépenses énormes, puisque la France avait à lutter contre l'Europe presque entière. Dès le début même, en 1689, les ressources de l'État se trouvaient déjà épuisées, à tel point que le Roi avait dû envoyer à la fonte la plus grande partie de la splendide vaisselle d'or et d'argent, vases, torchères, meubles, qui décorait Versailles et les maisons royales. Depuis, il avait fallu recourir à tous les expédients, impôts, emprunts, créations de charges vénales, vente de titres [1]. Or, rien n'annonçait la fin des hostilités.

Alors, le Roi décida de retrancher sur les fonds accordés pour l'entretien des Académies.

« Tous les raisonnements, écrivait le surintendant Villacerf au directeur de l'École de France à Rome, ne servent à rien contre le manque d'argent. Le Roy ne se cache point ici de ses retranchements [2]. »

Le 21 avril, M. de Villacerf écrivait à Félibien : « Le Roy m'a ordonné de faire cesser l'Académie d'architecture. Je vous prie d'en avertir M. de La Hire, affin qu'il n'enseigne plus, et Messieurs

1. Lavisse, *Histoire de France*, t. VIII, 1, liv. I, chap. 11, et liv. II, chap. 11.
2. *Correspondance des directeurs*, t. II, p. 40. Lettre du 15 juin 1694.

les architectes, affin qu'ils ne s'y trouvent plus. »
Les académiciens « supplièrent » le Roi d'être
autorisés à continuer les conférences et les
leçons, « sans avoir pour cela d'autre dessein que
de marquer à Sa Majesté le zèle et l'attachement
que tous ceux qui composent la compagnie ont
à son service ». Le Roi y consentit, mais en pré-
cisant qu'il ne fallait point « marquer leurs assistances, puisqu'ils n'en doivent pas être payez
présentement [1] », et que M. de La Hire continue-
rait gratuitement son cours, ainsi qu'il l'avait
proposé.

La lettre de Villacerf lue dans l'assemblée du
3 mai, où n'assistaient d'ailleurs que quatre
membres [2], y compris le secrétaire, « l'on a con-
tinué le livre des *Édifices antiques* de M. Desgodetz ». Les fonds furent rétablis quelques années
après.

En 1699, l'organisation de l'Académie fut
élargie et précisée. Jules Hardouin-Mansart avait
été nommé surintendant des Bâtiments, le 7 janvier 1699. Le 12 février suivant, il vint tenir une

1. On voit, en effet, aux *Comptes des Bâtiments*, figurer en temps
ordinaire ces mentions : « Aux s^rs Bruand, d'Orbay..., pour leurs
assistances aux conférences de l'Académie d'architecture pendant 15 jours (15 séances), etc. » (26 janvier 1687, *Comptes*, t. II,
col. 1204).
2. De La Hire, Bullet, d'Orbay, Félibien.

séance solennelle à l'Académie [1] et y lut la déclaration suivante :

L'Académie comprendra désormais :

1° Sept architectes dits de première classe, un professeur d'architecture et un secrétaire ;

2° Sept architectes dits de seconde classe, ayant voix délibérative comme les premiers ;

3° Les officiers en charge des bâtiments (contrôleurs, inspecteurs) auront le droit d'assister aux séances.

En mai suivant, le nombre des architectes de seconde classe fut porté de sept à dix. C'est une nouvelle période qui s'ouvre dans l'histoire académique.

LES ACADÉMICIENS

Les premiers académiciens, on l'a vu ci-dessus, avaient été Blondel, Bruand, Gittard, Antoine Le Paultre, François Le Vau, Pierre Mignard, d'Orbay, Félibien. Mansart leur fut adjoint en 1675, Bullet en 1685 ; Philippe de La Hire remplaça Blondel († 1686), Robert de Cotte, Gittard († 1686). Desgodets entra à l'Académie en 1698 [2]. Le Maistre fut nommé à la place de

1. La plupart des historiens ont ignoré cette organisation nouvelle ; ils ne la connaissent qu'à la date de 1717.
2. Il avait d'abord été autorisé, en 1694, à assister aux séances.

Bruand († 1697). François Le Vau était mort en 1676, Le Paultre ne parut plus à partir de 1682, Mignard quitta Paris à la même époque, d'Orbay mourut en 1697. On voit que, jusqu'en 1699, il ne se trouva jamais plus de sept ou huit académiciens en exercice.

Y a-t-il eu, au XVIIe siècle, en dehors de l'Académie, des architectes de quelque talent ou de quelque réputation? On peut être surpris de ne pas trouver sur la liste des membres Pierre Cottart, mort après 1674, qui construisit l'hôtel Amelot de Bizeuil, le château de Villacerf; Gabriel Le Duc, mort en 1704, qui acheva le Val-de-Grâce, l'église Saint-Louis-en-l'Ile, l'hôtel d'Auvergne; Jean Marot, mort en 1679[1], qui éleva les hôtels de Mortemart, de Monceau, les châteaux de Tourny et de Lavardin, qui travailla au château neuf de Saint-Germain. On ne voit pas, en effet, à quoi tint leur exclusion.

Eux cités et en mettant à part Claude Perrault, dont la situation fut exceptionnelle[2], il semble bien que les autres ou certains autres restaient d'abord confinés dans une sorte de classe inter-

---

1. Il ne faut pas le confondre avec son fils Daniel, né en 1661, qui émigra en Hollande, lors de la Révocation de l'Édit de Nantes, et y mourut vers 1718.

2. Puisqu'on peut encore se demander s'il fit ou non partie de l'Académie. *Procès-verbaux*, t. I, introduction.

médiaire entre les simples constructeurs et les architectes, ou bien encore dans la catégorie des ingénieurs. Ce serait le cas d'hommes tels que Jacques Gabriel, Mathieu, Poitevin, Thévenot, Gobert, etc. Plus tard, le cadre s'élargit à leur profit.

Blondel (François) était le fils aîné de Guillaume Blondel, maître des requêtes de la Reine-mère [1], paraît-il, et avocat de S. M. au bailliage de Vermandois. Il naquit à Ribemont (Aisne) en 1618.

Les premiers renseignements qu'on ait sur lui datent de son mariage en 1647. Il commandait alors une galère royale : la *Cardinale.* De 1652 à 1655, il accompagna, comme précepteur, un fils du secrétaire d'État Loménie de Brienne à qui, suivant l'usage, on faisait faire le tour d'Europe [2]. Il visita ainsi le Palatinat, la Hollande, la Scandinavie et la Laponie, la Prusse, la Bohême, la Moravie, l'Autriche, la Bavière, l'Italie jusqu'à Rome.

En 1657, il fut envoyé à Berlin avec M. d'Avau-

1. Charles Lucas, *François Blondel à Rochefort, à Saintes et aux Antilles,* 1897. D'autres donnent pour père à François Blondel un professeur de mathématiques et le font naître au Ribemont de la Somme, non de l'Aisne.

2. Le voyage est raconté dans l'ouvrage suivant : *Ludovici Henrici Lomenii, Briennæ comitis, Regi a Consiliis, actis et epistulis, itinerarium,* etc., 2ᵉ éd., 1662, in-12.

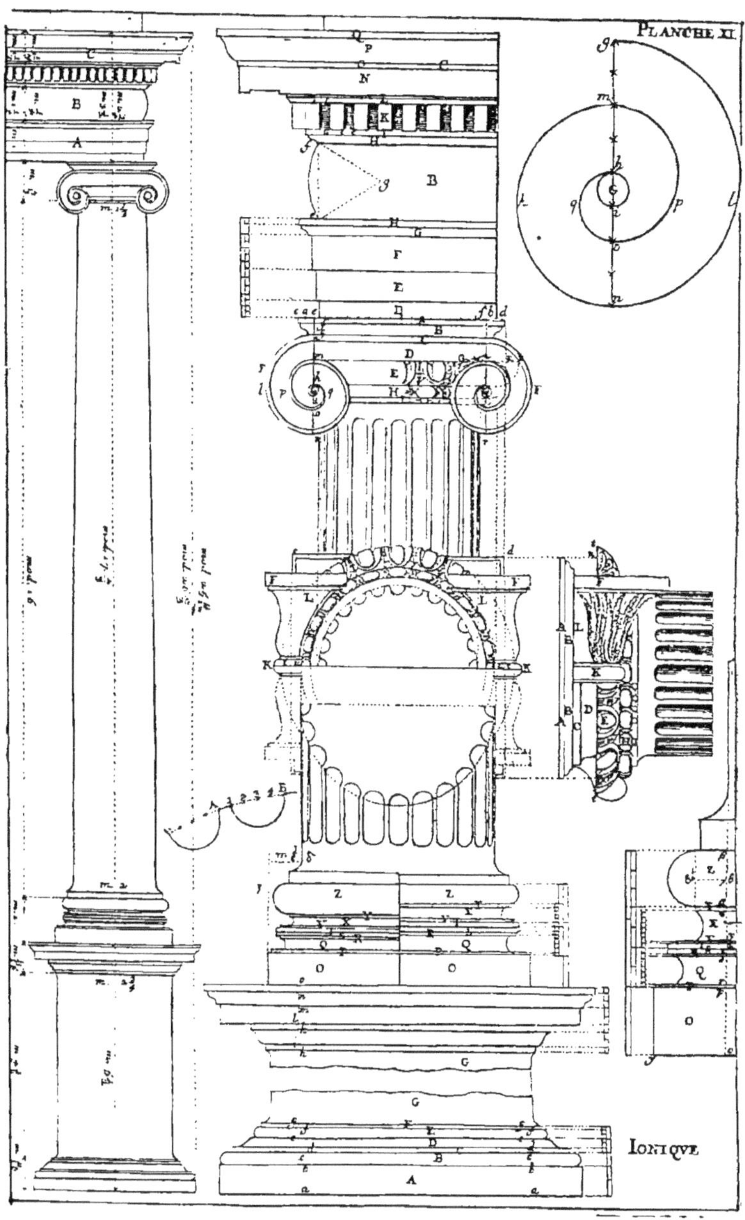

UNE PAGE DU COURS D'ARCHITECTURE DE FRANÇOIS BLONDEL.

gour, pour maintenir l'électeur de Brandebourg dans l'alliance française, passa de Berlin à Constantinople en 1658, avec une mission diplomatique, alla jusqu'en Égyte èt, au retour, revit l'Italie [1].

« En l'an mil six cent soixante-quatre, écrit-il, j'eus ordre du Roi d'aller visiter les côtes et sonder les ports et rades qui sont sur la mer océane [2]. » C'est alors, en 1665, qu'il répara le pont de Saintes et restaura et consolida l'ancien arc de triomphe romain. En 1666, il proposa d'établir un port de guerre à Rochefort, sur la Charente. Il donna les plans de la ville, avec l'ingénieur Clerville, construisit la fonderie de canons et la corderie. Il commença l'arsenal, dont les dispositions furent ensuite modifiées.

Entre temps, il avait visité les îles de Ré et d'Oléron et dessiné, en 1665, les plans des fortifications à y établir.

En 1666, le Roi l'envoya aux Antilles avec deux vaisseaux, le *Saint-Sébastien* et l'*Aigle d'or*. Il était revêtu de pouvoirs d'inspection à Saint-

---

1. Ch. Lucas, *Voyages et missions diplomatiques de François Blondel* (*Bulletin de géographie historique et descriptive*, 1894, et tirage à part).

2. Il fournit sur ses voyages et sur ses constructions, en 1664-1666, de longs et intéressants détails dans son *Cours d'architecture*, t. II (5ᵉ partie), p. 598, 656-661.

Christophe, la Guadeloupe, la Martinique, la Grenade, la Tortue, et avait à y chercher les points favorables à l'établissement de forteresses.

En 1669, il entrait à l'Académie des sciences, sur la proposition, paraît-il, de Charles Perrault; il professait, depuis 1656, les mathématiques au Collège royal[1]; il fut chargé de les enseigner au Dauphin vers 1672 ou 1673 probablement.

Jusqu'en 1671, il apparaît assez peu comme architecte, beaucoup comme ingénieur, marin, mathématicien.

A peine faut-il compter parmi ses œuvres originales d'architecture celles qu'il fit à Paris avant 1672. C'est ainsi qu'il « rhabilla ou rajusta » (ce sont ses propres expressions) la Porte-Saint-Antoine, à l'entrée du faubourg du même nom. Il fut en même temps quelque chose comme le directeur général des travaux de la ville de Paris. « Monsieur le président Pelletier, prévost des marchands, et Messieurs les eschevins m'ont fait l'honneur de vouloir que mes desseins ou mes conseils fussent exécutez par le Sr Bulet, dessinateur et appareilleur habile, que je leur avois donné[2].

« Il suffit pour en faire mieux connoistre le

1. Abel Lefranc, *Histoire du Collège de France*, p. 384.
2. *Cours d'architecture*, t. II (4º partie), p. 603-606, 615, 624.

prix (de ces travaux) que le Roy a considéré ces choses avec tant de plaisir, et les a tellement approuvées qu'il a ordonné par des lettres patentes que les ouvrages qui se feront désormais dans la ville de Paris soient exécutez conformément au dessein que j'en ay fait tracer sur le plan de la même ville, que j'ay fait graver, après avoir esté levé très exactement par le mesme Bulet sous ma conduite [1]. »

Il mourut le 21 janvier 1686, dans sa maison de la rue Saint-Benoît, au coin de la rue Jacob [2], et fut enseveli à l'église Saint-Sulpice, sa paroisse. Il portait les titres de seigneur des Croisettes et de Gaillardon, qui lui avaient été conférés par le Roi.

Blondel fut une intelligence vaste, active, avec des aptitudes très variées, comme en témoignent, en dehors de sa vie même, ses très nombreux ouvrages.

En même temps que le *Cours de mathématiques*, qui parut en 1683, il publie l'*Histoire du calendrier romain* (1682), écrit une *Comparaison de Pindare et d'Homère* et l'*Art de jeter les bombes* (1685), il s'occupe d'un *Traité du ressort des montres*. Il

---

1. C'est le plan dit de Bullet, publié en 1676. Voir *Atlas des anciens plans de la Ville de Paris*.
2. Voir le plan Turgot.

réunit une collection de médailles, de livres, d'objets d'art; il fait partie du monde des « curieux » du temps[1].

Comme théoricien, son œuvre capitale est le *Cours d'architecture enseigné dans l'Académie royale d'architecture*. Il en publia la Première Partie en 1675, la Seconde, la Troisième, la Quatrième et la Cinquième en 1683.

A ce grand ouvrage, il faut ajouter l'*Architecture françoise*[2] (1673) et des *Notes sur l'architecture françoise de Savot* (1684).

Les procès-verbaux sont malheureusement trop brefs pour permettre de déterminer le rôle de Blondel à l'Académie; il n'est cependant pas impossible d'en saisir quelque chose. D'abord de son autorité même, car on voit à plusieurs reprises que la maladie de M. Blondel, l'absence de M. Blondel suspendent les délibérations ou au moins les décisions.

Voici qui est plus particulier et plus précis. Dans son discours inaugural[3], il rappelait la

---

1. A. Maury, *L'ancienne Académie des sciences*, p. 10, 85. — *Histoire de l'Académie royale des sciences*, t. I, p. 419, 448 (voir aussi le *Journal des Savants*, 1686).

2. Le second Blondel, qui en parle en passant (*Architecture française*, t. IV. p. 5, n. *d*), prétend qu'il « s'y est glissé plus d'une erreur ».

3. *In fine.*

facilité qu'il avait eue d'examiner bien des monuments anciens et modernes, par les emplois que le Roi lui avait confiés dans toutes les parties de l'Univers.

Et en effet, on rencontre des observations qui viennent de lui, à n'en pas douter : sur Rochefort, sur les îles de Ré et d'Oléron, sur le climat de l'île Sainte-Croix aux Antilles, sur le pont du Cismone en Italie, sur celui de Narva en Livonie, peut-être aussi sur un mode de construction spécial à la Picardie[1].

Quant à son enseignement, il est tout entier dans son *Cours d'architecture*; on peut l'y juger. Avouons qu'il paraît quelquefois bien analytique, bien méticuleux et essentiellement enfermé dans le passé romain. Blondel est, en effet, un esprit dogmatique, autoritaire. Il parle de l'art, à la fois en disciple de Vitruve, de Palladio, de Vignole, et en mathématicien. Il appartient exactement à son temps par sa défiance à l'égard des innovations et par l'appel constant aux doctrines de l'antiquité.

Perrault imagine-t-il d'introduire dans le péristyle du Louvre des colonnes couplées, Blondel invoque contre lui les principes et Vitruve[2];

1. *Procès-verbaux*, t. I, p. 52, 79, 82, etc.
2. Voir toute la discussion dans le *Cours d'architecture* (3ᵉ partie),

Colbert a-t-il l'idée de créer un « ordre français » de colonnes[1] : « Je ne sçay, écrit Blondel, par quel malheur il est arrivé que d'un million (*sic*) de différens desseins qui ont esté envoyez pour ce sujet..., la plus grande partie n'est remplie que d'extravagances et de chimères gothiques ou de fades allusions; et l'autre, celle qui semble la plus tolérable, peut estre renfermée dans l'étendue de cet ordre d'architecture, que l'on doit appeler proprement l'ordre composé indéfini ou italique, qui comprend tout ce que l'on trouve dans les exemples antiques qui n'est pas entièrement conforme aux quatre ordres dont Vitruve nous a donné les règles.[2] »

C'est qu'il est dangereux d'essayer, non pas même de s'éloigner des anciens, mais d'ajouter « à leurs inventions ». Cette hardiesse « a ouvert de tout temps la porte au dérèglement qui se trouve dans l'architecture et dans les autres arts[3] ».

La porte Saint-Denis est le chef-d'œuvre (presque la seule œuvre architecturale) de Blondel. Il fut chargé de l'élever en 1672, à la date où

p. 228-237, et dans Perrault, *Les Dix livres de Vitruve*, 2ᵉ éd., 1684, p. 78-80, n. 8. Cf. *L'Art français au temps de Louis XIV*, p. 195-197.

1. En 1671-1672.
2. *Cours d'architecture* (3ᵉ partie), p. 249.
3. *Id.*, *ibid.*, p. 235.

s'ouvrait la campagne de Hollande, qui sembla se résumer pour les contemporains dans le passage du Rhin.

Il s'appliqua dans cet « ouvrage, peut-être un des plus grands ouvrages de cette nature qui soient au reste du monde [1], à chercher plutôt la justesse des proportions que la quantité des ornements », et il les avait d'abord choisis simples et puissants, non sans en trouver d'ailleurs les motifs chez les anciens [2]. « Mais la rapidité des conquêtes du Roy dans son voyage d'Hollande et le fameux passage du Rhin à Tholus, qui arriva dans le temps que la Porte Saint-Denis fut commencée, nous obligea à prendre d'autres mesures. » Suit la description conforme à ce que nous voyons aujourd'hui.

Monument vigoureux, imposant à coup sûr, où presque tous les artistes et les écrivains d'art du XVIIe et du XVIIIe siècle ont loué la sobriété de la décoration, qui laisse aux masses architecturales leur signification ou, mieux encore, les accompagne et les accuse [3].

---

1. 72 pieds de hauteur et autant de largeur, avec une ouverture de plus de 24 pieds (*Cours d'architecture*, 4e partie, p. 618 et suiv.).

2. La collection Destailleur (Cabinet des Estampes), t. VI, fol. 82, contient un dessin du premier projet de décoration. Quelle en est la provenance, la valeur documentaire? Je ne sais.

3. Pourtant on lit, dans les *Observations sur les arts*, 1748 : « La

Cet homme, qui fut membre « de l'Académie royale des sciences, conseiller, lecteur et professeur du Roy en mathématiques (au Collège de France), professeur et directeur de l'Académie royale d'architecture, mareschal de camp aux armées du Roy et maistre de mathématiques de monseigneur le Dauphin », qui tint ainsi dans le siècle une place considérable, mérite d'avoir un jour un historien; il reste sans doute beaucoup à apprendre sur lui.

Bruand (Libéral)[1], né vers 1635, mort le 22 novembre 1697, était fils de Sébastien Bruand († 1670), maître général des Bâtiments et des Ponts et Chaussées de France.

Libéral, signalé comme entrepreneur des Bâtiments du Roi en 1658, devint, en 1663, architecte royal. En 1661, il avait épousé Catherine Noblet,

porte Saint-Denis, construite en 1672, tombe déjà en ruine, tandis que des édifices des Romains subsistent malgré vingt siècles ».

D'autre part, le second Blondel (*Architecture française*, t. III, p. 10, n. *a*), tout en admirant beaucoup l'édifice, fait une observation assez curieuse. En comparant les mesures de la porte à celles qu'indique Blondel dans le *Cours d'architecture* (p. 622), il a trouvé des différences assez sensibles (l'entablement 9 pieds 10 pouces au lieu de 12 pieds; les piédestaux 16 pieds 11 pouces au lieu de 18), « dont il ne peut pénétrer le motif ». Il dit aussi que Blondel regrettait d'avoir dû ouvrir les deux passages de piétons, qui diminuent l'impression de solidité, alors que cette partie supporte les deux grandes masses pyramidales.

1. Jal, *Dictionnaire critique...*, p. 286, 287, 1270.

fille de Michel Noblet, architecte des Bâtiments
du Roi, maître des œuvres et garde des fontaines
publiques de la ville de Paris, et de Catherine Villedo[1]. Les Villedo occupaient une assez
grande situation à Paris; ils étaient mêlés à l'administration des Bâtiments, faisaient des affaires,
avaient de la fortune.

Le frère aîné de Libéral, Jacques, exerça la
charge d'architecte du duc d'Orléans, en 1651,
d'architecte du Roi en 1653; il mourut en 1664[2].
Un autre frère était avocat au Parlement, un
autre prêtre. Trois sœurs épousèrent : la première un avocat au Parlement, la seconde un
procureur au Châtelet, la troisième un officier en
charge de la maison de Monsieur[3]. Réunis par
des liens de parenté, par la communauté des
intérêts, les Bruand, les Noblet, les Villedo formaient un groupe actif, influent. Libéral en fut
le principal représentant.

De 1671 à 1680, il reçoit des gages de
1 600 livres par an, à raison de ses fonctions de
maître général des œuvres de charpenterie du
Roi; il fait partie, dès 1671, de l'Académie
d'architecture, et touche à ce titre 500 livres de

1. *Nouvelles Archives de l'Art français*, 1891, p. 88.
2. Laissant un fils, Jacques II (1663-1752), qui fut membre de
l'Académie d'architecture en 1699.
3. Cabinet d'Hozier, 69, n° 3.

gages annuels. Il arrive, à cette date, à l'apogée de son rôle d'artiste, puisqu'il construit l'hôtel des Invalides qui, dans l'idée de Louis XIV, devait contribuer à perpétuer le souvenir de sa grandeur[1].

Sur l'acte de son décès, il porte les titres de « écuyer, conseiller, secrétaire du Roy, maison, couronne de France et de ses finances, architecte ordinaire des Bastimens de Sa Majesté[2] ». Il avait été anobli; ses armes étaient : « D'or à un chevron d'azur, accompagné en chef de deux glands de sinople, et en pointe d'un arbre de même, soutenu d'un croissant de gueule, l'arbre chargé d'un oiseau d'argent[3]. »

On devine qu'il avait brassé beaucoup d'affaires, car il laissa une succession fort embarrassée; il devait au moins 100 000 livres à plus de quarante et un créanciers. Sa veuve fit apposer les scellés[4]. Par contre, il possédait l'office vénal de secrétaire du Roi, plusieurs maisons dans Paris, dont une

1. Voir les édits de 1670 et 1674.
2. Jal., *Dictionnaire...*, p. 287.
3. Ou d'un biseau (*Armorial général*)? Le biseau est un instrument employé par les charpentiers, allusion à la profession de Bruand.
4. L'inventaire signale dans la maison de la rue Saint-Louis, où demeurait Bruand, huit tableaux représentant le Roi, le Grand Dauphin et les dames de la cour, un carrosse et deux chevaux, etc. (*Nouv. Arch. de l'Art français*, 1883, p. 191-198).

rue Sainte-Anne, de sorte que l'actif, tout compte fait, surpassa le passif.

On ne s'y reconnaît pas très bien dans les neuf enfants qu'il aurait eus, paraît-il. Un fils, François, suivit la profession paternelle[1] et entra à l'Académie d'architecture en 1706. Lorsqu'il épousa[2], en 1705, Marie Darras, il avait les titres d' « écuyer, architecte des Bâtiments du Roi, et de l'Académie d'architecture ». Assistaient à la cérémonie ses frères, l'un d'eux sous-lieutenant au régiment de Piémont, et, à côté, Jules Hardouin-Mansart, Robert de Cotte, Vincent de Beau, trésorier général des gardes françaises.

Nous avons là un excellent type de famille de bonne bourgeoisie parisienne, et un exemple des relations qui s'établissaient entre les artistes mêmes ou entre les artistes et les hommes d'affaires, financiers, etc., de la tendance enfin de certains architectes à se mêler aux grandes spéculations. Nous le verrons encore bien plus avec Mansart.

Bruand a peu construit et il a eu la mauvaise fortune que presque tous ses projets ont été continués, transformés ou amplifiés par d'autres. Il éleva, en 1660, l'hospice de la Salpêtrière, mais

---

1. Peut-être aussi l'aîné, Michel Libéral, né en 1663.
2. *Nouv. Arch. de l'Art français*, 1890, p. 297, 299.

l'église fut, dit-on, achevée par Le Vau; il travaillait, en 1671, à l'hôtel de Vendôme, mais Mansart prit à son compte l'idée d'y substituer une place publique et l'exécuta; il succéda à Le Muet, qui avait fourni le dessin de l'église des Petits-Pères, mais n'éleva le monument que jusqu'à sept pieds et y fut remplacé par Leduc[1].

Même fortune ou infortune à l'hôtel des Invalides. On connaît le plan de ce grand édifice, pratiquement et logiquement conçu. Le style qu'adopta Bruand, massif, mais grave et simple, convenait à un établissement, dont la règle avait quelque chose de militaire et de monacal à la fois. Il ressemble d'ailleurs beaucoup à celui de l'hôpital de la Salpêtrière, œuvre aussi de Bruand, ou à celui de l'hospice de Bicêtre et des bâtiments du Val-de-Grâce. Mais l'église, dite des Soldats, est lourde, sans élégance dans les profils, peu cohérente dans le dessin. Il ne faut pas y entrer lorsqu'on sort du dôme de Mansart.

Gittard (Daniel) était né en mars 1625 à Blandy-en-Brie (Seine-et-Marne), il mourut à Paris le 15 décembre 1686[2]. Architecte et ingénieur du

---

1. J.-F. Blondel, *Architecture française*, t. III, p. 20-21.
2. Notice sur Daniel Gittard (*Archives de l'Art français* [Documents], t. VI, p. 3, 97 et suiv.).

roi en 1656, il joignit à ces charges l'office de juré-maçon de Paris[1], qu'il paya 600 livres. Il fit partie de l'Académie d'architecture à la fondation.

Il appartenait à une modeste famille d'artisans ruraux; son père était charpentier à Blandy; ses frères exercèrent, l'un le métier paternel, deux autres celui de maçon. Lui-même, au contraire, constitua une famille de riche bourgeoisie; sa fille Catherine épousa Charles Guérin, bâtonnier de l'ordre des avocats; un de ses fils devint académicien et fit partie du corps des ingénieurs royaux.

Gittard possédait à Blandy une ferme et une maison de campagne, qu'il semble s'être plu à agrandir comme une sorte de domaine natal. Son acte de décès indique qu'il demeurait rue des Saint-Pères et était marguillier de la paroisse Saint-Sulpice; tout cela aussi est très bourgeois.

Il a construit quelques hôtels à Paris, la maison de Lully, rue Neuve-des-Petits-Champs; il a rebâti en partie le château de Saint-Maur. A l'église Saint-Sulpice, il succéda à Louis Le Vau, édifia le chœur, le transept, une partie de la nef, le rez-de-chaussée du portail sud, entre 1670 et 1675[2].

---

1. *Nouvelles Archives de l'Art français*, 1891, p. 87.

2. Brice dit qu'il avait fait à Saint-Sulpice « un petit escalier de pierre de taille d'un seul trait, tourné en limaçon depuis le bas jusqu'en haut, dont le trait est ingénieux et très hardi, où

Il donna le dessin du portail et des tours de Saint-Jacques-du-Haut-Pas vers 1675.

Architecte des Condé, il travailla à l'hôtel du Prince à Paris et surtout au château de Chantilly, de 1670 à 1686 ; il décora les jardins, avec la collaboration ou sous la direction de Le Nôtre[1]. Mais il semble bien qu'à partir de 1678, Mansart ait déjà pris dans les constructions la place prépondérante, comme il le faisait partout. C'est lui qui remania le Petit-Château.

Gittard, en somme, est un architecte de second ordre ; habile praticien sans doute, mais froid, sec et sans invention.

Comme tant d'autres, les Le Paultre formèrent une famille d'artistes, qui se prolongea jusque dans le XVIIIe siècle. Antoine, né en 1621, avait le titre d'architecte des Bâtiments du Roi, lorsqu'il épousa, le 27 janvier 1648, Jeanne de Poix. En 1660, il est qualifié d'architecte et ingénieur des Bâtiments du Roi et contrôleur général des Bâtiments de Monsieur, frère unique du Roi. Il entra en 1671 à l'Académie[2].

paraît quelque effet de la coupe des pierres » (G. Brice, *Nouvelle description de Paris*, t. III, p. 396, 397, éd. de 1725).

1. Macon, *Les Arts dans la maison de Condé*, p. 9, 28, 30, 40. A Paris, l'architecte en titre était Gabriel.

2. Le graveur Jean Le Paultre (1618-1682) était son aîné. Les

Le Paultre fut très occupé. Il construisit, de 1646 à 1648, l'église de Port-Royal; en 1655, l'hôtel de Beauvais, puis un très grand nombre d'hôtels ou de maisons particulières; à Saint-Cloud[1], les deux ailes du château pour Monsieur et la partie supérieure de la Cascade. Il avait donné, en 1656, les plans de l'église des Jacobins de Lyon. En 1672, il fut chargé de dresser un projet pour la construction du château de Clagny; mais celui de Jules Hardouin-Mansart lui fut préféré.

La décoration de la façade de l'hôtel de Beauvais, dit le second Blondel, « tient de cet air de pesanteur que nous avons dit être le goût dominant de Le Paultre, mais néanmoins dans lequel on remarque une expression ferme, mâle et nourrie »[2]. Cela paraît assez juste.

Louis Le Vau mourut en 1670, avant la fondation de l'Académie; il faut cependant dire quelques mots de lui, parce qu'on le retrouve nécessairement à propos de son frère, de d'Orbay et même de Mansart. Né vers 1612, il était fils de

deux frères s'entendirent mal. L'Académie eut à intervenir dans leurs démêlés pour des questions d'intérêt (*Procès-verb.*, t. I, p. 167, 175-176).

1. Il en parle dans la séance du 12 juillet 1677.

2. J.-F. Blondel, *Architecture française*, t. II, p. 95, 120, 122.

Louis Ier, maître des œuvres des Bâtiments du Roi à Fontainebleau. On n'a guère de renseignements sur sa vie qu'à partir de 1640, date à laquelle il commença la construction de l'hôtel Lambert. Il fut, depuis, fort employé par les particuliers et les grands seigneurs, par Fouquet, pour qui il édifia le château de Vaux, par le Roi lui-même, pour qui il travailla à Vincennes, au Louvre, aux Tuileries et enfin à Versailles de 1661 à 1670[1].

Il avait les titres de conseiller du Roi en ses conseils, intendant et ordonnateur général des Bâtiments de S. M., premier architecte de S. M., secrétaire de S. M., maison et couronne de France, etc.[2]

Cet artiste occupa de son temps une place considérable, et l'on ne peut méconnaître l'importance d'un ensemble d'œuvres, où l'on trouve l'hôtel Lambert, le château de Vaux, le collège des Quatre-Nations, sans compter le château du Raincy, celui de Seignelay, etc.

Il faut insister sur les travaux de Versailles, où

1. Mariette, *Abecedario*, t. III, p. 197 et 198. Le second Blondel dit qu'il a cherché sur lui des renseignements auprès des contrôleurs des Bâtiments, mais que les documents font défaut (*Architecture française*, t. IV, p. 7). Voir Perrault, *Mémoires*, éd. Bonnefon, p. 50-52, 86, 101, 232 ; Mirot, *le Louvre, Soc. de l'Hist. de Paris*, 1904, p. 192, 236.

2. Jal, *Dictionnaire*, p. 785.

il a mis sa marque au moins autant que Jules Hardouin-Mansart. On n'oubliera pas que, dès le mois de septembre 1661, il y fut employé seul, qu'il y construisit la Ménagerie, la première Orangerie, qu'il y donna des dessins pour les grandes fêtes, et notamment pour la salle de bal de la fête de 1668, dont le *Mercure Galant* disait : « Point de palais au monde qui ait un salon si beau et si superbe[1]. »

Mais on observera surtout qu'il a créé le style du nouveau Versailles, bien avant Mansart, car la façade de l'Ouest, élevée en 1668, est de lui, ainsi que les bâtiments de l'Est dans leur conception générale, et il a donné au moins les plans et les premiers dessins des grands appartements et de l'escalier des ambassadeurs.

Dans cette carrière si brillante un seul échec : au Louvre[2].

Son frère cadet, François[3], né probablement en 1613, devint en 1652 architecte de Mlle de

---

1. De Nolhac, *La Création de Versailles.* Marquet de Vasselot, *La Ménagerie de Versailles* (*Rev. de l'Hist. de Versailles*, 1899, et tirage à part).

2. Sur la question de la construction du nouveau Louvre et de l'attribution à Louis Le Vau ou à Claude Perrault, voir *L'Art français au temps de Louis XIV*, p. 258-263, et l'introduction du t. I des *Procès-verbaux*, p. XLI-XLIII.

3. Jal, *Dictionnaire...*, p. 785 et suiv.

Montpensier, fonction qu'il garda jusqu'en 1661, en même temps que celle d'architecte des Bâtiments du Roi, qu'il exerça à partir de 1656. Membre de l'Académie d'architecture à la fondation, il mourut le 4 juillet 1676.

Colbert le chargea de nombreuses missions d'inspection en province : à Orléans en 1665 et 1666, puis en 1667 (pour étudier la question du portail de l'église Sainte-Croix). En 1664, il avait visité la région de Cosne, Briare, Moulins. En 1669, il parcourut l'Orléanais, le Blaisois, le Berry.

Comme architecte, il servit surtout de collaborateur à son frère, au Louvre, aux Tuileries, à Versailles. Il semble bien aussi qu'il n'ait eu qu'un rôle de ce genre auprès de d'Orbay.

Il y a toute une lignée d'architectes du nom de d'Orbay [1] : c'est d'abord François Ier d'Orbay, maître entrepreneur des Bâtiments du Roi, ancien syndic de la communauté des maîtres maçons, mort en 1677, et très probablement père de François II d'Orbay, le membre de l'Académie. Celui-ci eut un neveu, Nicolas (1679-1742), qui appartint également à l'Acadé-

1. Herluison, *Actes d'état civil d'artistes français*, p. 328-329.

mie à partir de 1705. Un dernier d'Orbay, grand prix d'architecture en 1739, pourrait être fils de Nicolas [1].

De François II, nous ignorons presque tout, à commencer par la date de sa naissance, qu'on fixe tantôt à 1624, tantôt à 1634 [2]. Il fut élève de Louis Le Vau, entra au service des Bâtiments royaux en 1663 au plus tard [3] et, à partir de ce moment, ne cessa pas de collaborer avec son maître jusqu'en 1670.

C'est, à coup sûr, un autre artiste que François Le Vau.

Après la mort de Louis, il éleva le portail de l'église de la Trinité, rue Saint-Denis; à Lyon, le portail de l'église des Carmélites; à Montpellier, il donna le plan de l'Arc de Triomphe, que d'Aviler édifia en 1686. Mais, lorsqu'on entama en 1685 les travaux de la place Vendôme, qui nécessitaient l'érection d'une nouvelle église destinée aux Capucines, il paraît que ses dessins pour le portail principal furent très

---

1. François II avait un frère, Jean, entrepreneur. Un Thomas d'Orbay est qualifié, en 1683, d'entrepreneur des bâtiments du Roi.

2. En 1634, d'après Herluison, en 1624, d'après Jal.

3. Retenu pour servir en l'architecture et la conduite des bâtiments du Roi et pour lever les plans de toutes les maisons royales (*Nouvelles Archives de l'Art français*, 1876, p. 37). Il touche 600 livres en 1663; 1 000 l. par an de 1672 à 1680.

critiqués et remplacés par un projet de Mansart.

A Versailles, d'Orbay, qui avait été partout le collaborateur de Louis Le Vau, continua ses plans, sans qu'on puisse bien déterminer jusqu'à quel point il les suivit ou les modifia. Peut-être cependant y aurait-il lieu de se demander si on ne doit pas lui faire une part plus grande qu'on ne le dit dans les travaux de la cour de l'Est, des grands appartements et de l'escalier des ambassadeurs. Deux faits sont indéniables : Louis Le Vau mourut le 11 octobre 1670 ; Mansart n'entra aux chantiers de Versailles que dans le courant de 1676. Voilà six années pendant lesquelles il put se passer bien des choses dans les constructions commencées[1]. D'Orbay seul était là, puisque François Le Vau n'apparaît qu'en sous-ordre.

D'Orbay conduisit les travaux du palais jusqu'en 1679, mais à la fin tout pliait devant Mansart, là comme ailleurs.

Pierre Mignard était fils du peintre Nicolas et neveu du célèbre Pierre, avec qui on l'a quelque-

---

1. Sans trop insister, on peut constater cependant qu'il reçoit, en 1670, 1671, 1672, 1 200 livres pour « les dessins, plans et élévations des Bastimens pour S. M. » ; en 1677 et 1678, 2 000 l. pour « les soins qu'il prend des Bastimens du Roy » (*Comptes des Bâtiments*, voir à la table. Cf. De Nolhac, p. 111).

fois confondu[1]. Né à Avignon en 1640, il mourut à Paris en 1725.

Presque toutes ses œuvres se trouvent dans le Comtat ou en Provence : chœur, tribune et coupole de la cathédrale, Hôtel-Dieu et ancienne salle de spectacle à Avignon, abbaye de Montmajour, retable et stalles de l'église de Roquefort. Il a peu construit à Paris, ce qui explique que son nom soit à peine connu.

Il fut cependant appelé à faire partie de l'Académie d'architecture dès 1671 et il y occupa une place fort honorable. Son nom paraît fort souvent dans les *Procès-verbaux*. Il entreprend la traduction d'un des livres de l'architecture de Scamozzi; il suit la construction du portail des Feuillants; il donne des dessins pour un tabernacle dans l'église des Carmes déchaussés, etc.

Colbert le chargea d'accompagner son fils Seignelay en Italie[2]; il écrivait à cette occasion : « M. Mignard, qui dessine bien[3] ». C'est en effet

1.

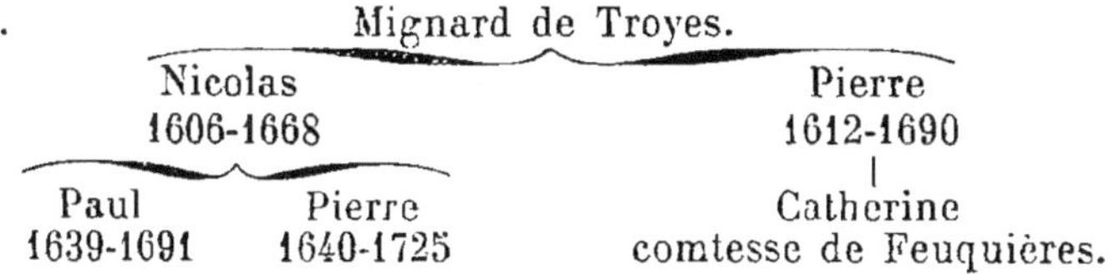

2. Il était adjoint à Blondel. Il reçut 1 200 livres à l'occasion de ce voyage (*Comptes des Bâtiments*, 1670, col. 481).

3. *Correspondance des directeurs*, t. I, p. 30.

comme dessinateur qu'il eut un rôle assez particulier et important. Dès 1669, le surintendant l'avait envoyé dans le Midi pour y relever les monuments antiques[1]. On voit en effet, dans les procès-verbaux, que l'Académie invoque ses études, lorsqu'il est question de la Maison carrée et du prétendu Temple de Diane à Nîmes[2]. Mais il se peut que la série complète date seulement de 1682, s'il est exact qu'il ait été invité par Colbert à suivre la méthode employée par Desgodetz dans les *Édifices antiques de Rome dessinez et mesurez très exactement*, qui venaient de paraître et dont l'Académie avait eu connaissance avant la publication.

Ces dessins, très étudiés, très poussés, furent fort admirés, paraît-il, lorsqu'on les présenta à Louis XIV, après la mort de Colbert. Mignard en avait fait des doubles, mais cette précaution fut inutile, car les originaux et les copies disparurent au cours du XVIIIe siècle, sans qu'on sache trop dans quelles conditions[3].

1. Et non pas en 1682. « Pour la dépense qu'il doit faire en Provence, Languedoc... pour relever les bastiments remarquables par une belle architecture » (*Comptes des Bâtiments*, 1669, t. I, col. 366).

2. *Procès-verbaux*, t. I, p. 73, 74.

3. Voir sur la question, Labande, *Correspondance historique et archéologique*, 1898, p. 372 ; 1900, p. 144. Labande, *Notice sur les dessins des antiquités de la France méridionale exécutés par Pierre Mignard...* (*Revue du Midi*, 1900, p. 270 et suiv.).

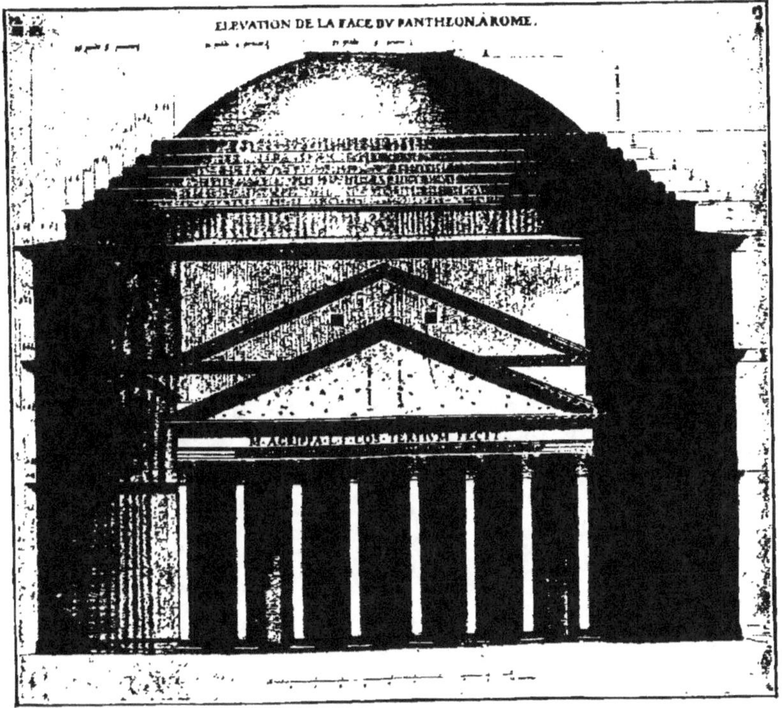

LE PANTHÉON DE ROME, D'APRÈS DESGODETZ.

UNE FRISE DU PANTHÉON.

Mignard, qui avait été assidu à l'Académie, cessa d'y paraître ou au moins d'y signer, à partir du milieu de l'année 1679 et pendant toute l'année 1680, comme aussi de toucher les gages attribués aux académiciens pour l'assistance aux conférences[1]. Puis il fut rétabli sur la liste des bénéficiaires et prit part en effet aux séances, mais pendant quelques mois seulement.

Félibien (André), sieur des Avaux et de Javercy, était né à Chartres en 1619; il mourut le 11 juin 1695. Secrétaire d'ambassade à Rome en 1647, il y prit le goût de l'art, s'y lia avec Poussin, dont l'influence fut grande sur la formation de son esprit. De retour en France, il étudia plus particulièrement l'architecture, gagna la faveur de Fouquet, puis celle de Colbert, après 1662.

Historiographe de l'Académie de peinture en 1666, il en devint le secrétaire, l'année suivante, avec le titre de conseiller honoraire. Il avait, depuis 1664, la charge d'historiographe des Bâtiments royaux, qui lui valait des gages de 1 200 livres; il eut, en 1672, celle de garde-magasin des antiques. Il fut nommé secrétaire en titre de l'Académie d'architecture, à la fondation, fonction qu'il garda jusqu'à sa mort.

1. *Comptes des Bâtiments*, t. I, col. 1343; t. II, col. 107.

Félibien fut essentiellement un polygraphe. La liste de ses ouvrages serait assez longue[1]. Les plus importants sont certainement, les *Principes de l'architecture* et les *Entretiens sur les vies et les ouvrages des plus excellents peintres anciens et modernes*[2]. Sous une forme assez bizarre, celle d'une conversation entre l'auteur et un ami supposé, Pymandre, Félibien donne de nombreuses biographies d'artistes, des descriptions de leurs œuvres, des jugements sur leur valeur. Il avait fait des recherches et il fournit des renseignements qui ont encore leur prix aujourd'hui. Représentant décidé du classicisme, poussiniste fervent, il fait preuve cependant d'une certaine liberté d'esprit et souvent d'une impartialité méritoire[3].

Il avait l'avantage de bien connaître les questions de technique, en peinture autant qu'en architecture[4].

1. Ils lui valurent de nombreuses « grâces » royales : des gratifications, « comme versé dans les belles-lettres »; pour « son mérite »; « en considération des ouvrages qu'il donne au public » (*Comptes des Bâtiments*, table des noms propres).

2. 4 vol., 1666.

3. Son fils aîné, Jean-François (1658-1733), fut après lui secrétaire de l'Académie d'architecture. Le cadet, Dom Michel, est l'auteur presque célèbre de l'*Histoire de la ville de Paris*, achevée et publiée après sa mort par Dom Lobineau, en 1725.

4. Il fut chargé, vers 1680, de visiter les carrières des environs de Blois; il en parle avec compétence dans son livre sur les *Maisons royales* (publié par Montaiglon en 1874).

Mansart n'appartint à l'Académie que quatre ans après la fondation, et sa vie se prolonge jusqu'en 1708, au delà de la période que nous étudions en ce moment[1].

Sa carrière fut splendide et toute entourée des honneurs les plus éclatants que puisse recevoir un artiste.

Jules Hardouin-Mansart naquit le 16 avril 1646; il était fils de Raphaël Hardouin, peintre, et de Marie Gautier, nièce de François Mansart († 1666), de qui il ajouta le nom au sien. Il appartenait, comme on le voit, à une famille d'artistes. Il fut instruit surtout par son grand-oncle et par Libéral Bruand, avec qui, dès 1666, il travaillait à l'hôtel de Vendôme. Huit ans plus tard, il proposait et faisait accepter ses plans pour le château de Clagny; par là, il entrait au service de Louis XIV.

En 1675, à vingt-neuf ans, il devenait membre de l'Académie d'architecture; en 1676, il commençait à Versailles la série des travaux qui devaient illustrer son nom. En février 1682, contrairement aux statuts de l'ordre qui exigeaient la noblesse, il était fait chevalier de Saint-Lazare. L'anoblissement venait en septembre de la même année,

---

1. *Mémoires de Saint-Simon*, éd. Boislisle, t. VI, p. 95, 97; t. XVI, p. 38, 43, etc. De Boislisle, *Notices historiques sur la place des Victoires et la place de Vendôme* (*Mémoires de la Société de l'Histoire de Paris*, 1888).

et d'Hozier lui attribuait les armoiries suivantes :
« Un écu d'azur à une colonne d'argent, la base et
le chapiteau d'or, surmontée d'un soleil de même
et accostée de deux aigles d'or afrontez et regardans le soleil, avec un casque de côté, garni de ses
lambrequins aux émaux de l'écu[1]. »

Les lettres d'anoblissement rappelaient qu'il
était premier architecte du Roi depuis neuf ans
(ce qui était inexact), qu'il avait travaillé à Versailles et aux Invalides, « ouvrages qui feront
regarder ledit Hardouin-Mansart comme le digne
successeur du nom et de la réputation de François Mansart, son oncle, dont la réputation est si
célèbre »[2]. Il touchait déjà des gages considérables[3] et était lancé dans toutes les spéculations
que suscitaient les projets de travaux dans Paris.

En 1677 (le 8 novembre), il signait, avec cinq
financiers, un acte d'association pour acheter
l'hôtel de Vendôme avec ses dépendances, et
exploiter les terrains, y établir une place, des

---

1. De Grandmaison, *Essai d'armorial des artistes français* (*Réunions des beaux-arts des départements*, t. XXVII, p. 300 et suiv.). Jules Guiffrey. *Lettres de noblesse...*, I, p. 6, n° II. Sa femme, Marie Bodin, avait aussi des armoiries.

2. Jal, *Dictionnaire...*, p. 833.

3. « 6 000 livres au sieur Mansart, architecte, en considération des soins et de la conduite qu'il a des Bastiments de S. M., 26 février 1677. » (*Comptes des Bâtiments*, t. I, col. 938.)

maisons neuves, etc. Ce premier projet n'aboutit pas; il fut repris après la mort de Colbert[1].

Ses œuvres principales (au milieu d'œuvres innombrables) sont : le château de Clagny, le dôme des Invalides, les agrandissements et les remaniements du château de Saint-Germain, l'achèvement de Versailles[2] et de ses annexes.

Le dôme des Invalides a excité, — à juste titre, — l'admiration du second Blondel[3] : « Monument qui surpasse tout le reste de cet édifice et qui montre d'une manière bien éclatante la capacité de ce grand artiste, dont les ouvrages, dans les temps les plus reculés, feront honneur à la Nation française. » C'est en songeant au dôme qu'on appliquerait volontiers à Mansart le mot de Louis XIV sur Le Nôtre, « qu'il avait du grand dans l'esprit ».

Au château de Versailles, à partir de 1676, il construit la Grande Galerie, sur la terrasse que Le Vau avait réservée au centre de la façade occidentale; il commence les deux ailes du Nord et du Sud et la seconde Orangerie; il bâtit la Surintendance, la Chancellerie, la Grande et la

1. De Boislisle, *Notices historiques...*, p. 105-112.
2. J. Duchesne, *Notice historique sur la vie et les ouvrages de Jules Hardouin-Mansart, 1805 (Magasin encyclopédique)*.
3. *Architecture française*, t. I, p. 192; il y revient à plusieurs reprises, p. 202-204.

Petite Écurie; il fournit, en 1688-1689, le projet de la nouvelle Chapelle, il élève dans le parc le grand péristyle. Il édifie Marly, le second Grand Trianon, etc.

Si important que soit son rôle, on a vu et il faut rappeler que le style architectural du château a été en réalité créé par Louis Le Vau. Blondel n'a pas manqué de signaler « la nécessité où s'est trouvé Mansart de s'assujettir aux anciens bâtiments, lorsqu'il donna les dessins de la galerie et des ailes ».

Il ajoute que les Écuries et l'Orangerie sont peut-être « les ouvrages les plus dignes de la splendeur du règne de Louis le Grand[1] ». C'est parfaitement juste. Dans ces dernières constructions, l'artiste est lui-même. Plan logique et simple, lignes sobres et fortes, décorations discrètes, hardiesses techniques, voilà des mérites supérieurs. A coup sûr, l'architecte qui, ayant élevé le dôme des Invalides, concevait les voûtes de l'Orangerie, n'avait pas un esprit ordinaire. Et il faut y ajouter la chapelle, qui marque l'avènement d'un style nouveau[2].

Mansart fut, après 1682, un des personnages

---

1. *Architecture française*, t. IV, p. 92, 97-98, 130-133.
2. Il y a seulement à se demander quelle y fut la part de Robert de Cotte (voir plus loin, p. 171).

éminents de l'État. Il faut attendre l'année 1699 pour le trouver à l'apogée de sa prodigieuse fortune, alors qu'il deviendra surintendant des Bâtiments du Roi. Néanmoins, entre 1682 et 1699, il est en pleine faveur, comme en pleine activité. Premier architecte du Roi, il était devenu en 1691 inspecteur général des Bâtiments avec 10 000 livres de pension [1]. En avril 1693, le Roi l'honorait du cordon de l'ordre de Saint-Michel, en même temps que Le Nôtre. Ils avaient pour parrain le duc de Beauvillier et recevaient la faveur exceptionnelle de porter la croix de l'ordre attachée sur la poitrine avec un ruban bleu. Louis XIV avait écrit au duc pour faire savoir ses volontés [2].

Presque rien ne se construisait en France qu'il n'y eût une part. Les travaux viennent à lui, qu'il les cherche ou ne les cherche pas. Sa situation officielle, le crédit dont il jouit auprès du Roi en font l'homme indispensable. Il intervient en 1685 dans la construction du Pont-Royal à Paris; il bâtit Saint-Cyr à la même date. Il donne en 1686 les dessins pour la statue du Roi à Lyon,

1. « Et permission de vendre sa charge de directeur des bâtiments dont il tira plus de 100 000 francs. »
2. Charvet, *Réun. des Beaux-Arts*, t. XXIII, p. 297-299. Grandmaison, *id., ib.*, t. XXVII, p. 303 et suiv.

en 1687 pour l'arc de triomphe du Pont-Neuf à Toulouse, en 1688 pour une partie du Palais du Roi à Dijon. La grande galerie du Palais-Royal en 1692, les parties neuves du château de Meudon en 1695, et tant d'autres châteaux, hôtels, à Paris et en province, sont de sa main ou de son atelier.

Car on pense bien qu'il n'eût pas suffi seul à une pareille tâche. Il serait intéressant, mais il paraît difficile de reconstituer le personnel de ses bureaux : dessinateurs, inspecteurs des travaux, etc. Du moins sait-on le nom de quelques-uns de ses collaborateurs, de son beau-frère Robert de Cotte, de Germain Boffrand, de Cailleteau (à qui Saint-Simon, sans preuves, attribue le mérite de la plupart des œuvres du maître); ils étaient évidemment plus nombreux.

Nous avons déjà dit que Mansart se livra à toutes sortes de spéculations : il en fit de très vastes, comme pour la place Vendôme; tout lui était bon et il prenait de toutes mains[1].

Ses occupations ne l'empêchèrent pas de venir à l'Académie, moins assidûment sans doute que les autres membres, mais assez fréquemment. On

---

1. On en a un exemple à propos d'un projet de canal autour de Paris, où les auteurs du projet mirent en tête le nom de Mansart, en attribuant à celui-ci une grosse part dans les bénéfices futurs. Le projet d'ailleurs n'aboutit pas. Cf. *Bulletin de la Soc. de l'hist. de l'art français*, 1912.

ne voit pas d'ailleurs quel rôle il y joua, ni quels furent ses rapports avec ses confrères, bien qu'il n'ait pas négligé de recourir à leurs avis. Mais le fait est que, devenu surintendant, il sera l'auteur de l'organisation académique destinée à se maintenir, sauf quelques modifications de détail, jusqu'à la Révolution.

Bullet (Pierre), né en 1639, était peut-être fils ou descendant d'un Bullet, maître maçon, signalé en 1605. Élève de François Blondel, il collabora à la construction de la porte Saint-Denis. Il semble bien que la porte Saint-Martin, élevée en 1674, soit un ouvrage original de lui.

En 1676, il construisit le quai Le Pelletier et leva, sous la direction de Blondel, le plan de Paris. Il commença, en 1682, l'église des Jacobins du noviciat général (aujourd'hui Saint-Thomas d'Aquin). Il fut nommé membre de l'Académie en 1685 et accueilli par ses confrères avec des témoignages d'estime tout particuliers. Bullet a beaucoup construit : à Bourges, une partie du palais archiépiscopal (1686), à Paris les hôtels Tallard, Jabach, Amelot, etc., dans la banlieue le château d'Issy [1]. Ainsi que tant d'autres archi-

---

1. On lui attribue les autels de l'église de la Sorbonne, qu'il faut peut-être rendre à Le Brun.

tectes du temps il fut très mêlé aux spéculations que suscitèrent les travaux entrepris dans Paris, et spécialement à celles qui se multiplièrent à propos du projet d'ouverture de la place dite de Vendôme.

Comme architecte, Bullet semble bien avoir eu plutôt des qualités de technicien, de praticien, que d'artiste. C'est l'impression que laisse son intervention dans les délibérations de l'Académie, comme aussi la liste des ouvrages qu'il composa :

En 1675, *Traité de l'usage du pantomètre, instrument géométrique propre à mesurer les distances accessibles et inaccessibles.* En 1688, *Traité du nivellement, contenant la théorie et la pratique de cet art...* En 1696, *Observations sur la nature et sur les effets de la mauvaise odeur des lieux ou aisances et cloaques...*

On attribuera une plus grande portée à son ouvrage capital, celui qu'il fit paraître en 1691 : *L'architecture pratique, qui comprend la construction générale et particulière des bâtiments, le détail, toisé et devis de chaque partie..., avec une explication des trente-six articles de la Coutume de Paris sur le titre des servitudes...* L'architecture même « pratique » n'occupe dans l'ouvrage qu'une place secondaire à côté du toisé. Il faut cependant croire

qu'il rendait des services, puisqu'une nouvelle
édition en fut donnée en 1754 [1].

Philippe de La Hire, né à Paris le 18 mars 1640,
appartenait à une famille de bonne bourgeoisie.
Son père, Laurent, fut un peintre de quelque
réputation, il figura parmi les douze membres
fondateurs de l'Académie de peinture. Il mourut
jeune encore, en 1656 (né en 1606), laissant deux
fils et cinq filles. Celles-ci entrèrent toutes les cinq
en religion.

Philippe, l'aîné des enfants, étudia d'abord le
dessin, la perspective : on le destinait à la peinture, et, en 1660, il alla en Italie, où il resta
quatre ans. Il visita Rome, Venise, puis, à son
retour en France, se donna tout entier aux études
scientifiques.

Avec le graveur Abraham Bosse, il revoit,
complète et publie, en 1672, le *Traité de la coupe
des pierres*, commencé par Desargues. Il compose
ensuite deux ouvrages originaux : en 1672, une
*Nouvelle méthode de géométrie pour les sections des
superficies coniques et cylindriques*, en 1676, un

---

1. Par M. [Descoutures], « architecte, ancien inspecteur toi-
seur de bâtiments », nouvelle édition revue, corrigée et consi-
dérablement augmentée... Les parties ajoutées sont imprimées
en petit texte.

Traité de la cycloïde. Il entre à l'Académie des sciences en 1678, il devient professeur au Collège royal en 1682 [1].

A ces différents titres, il fut envoyé, soit seul, soit avec l'astronome Picard, en Bretagne, en Gascogne, en Provence, sur les côtes de la mer du Nord, pour les travaux de la carte de France. Louvois l'employa, en 1684-1685, aux études préparatoires pour le projet d'aqueduc dit communément de Maintenon. Il releva, à deux reprises au moins, avec le plus grand soin, les niveaux de l'Eure supérieure et de ses affluents, l'Iton, l'Avre [2]. Tout reposa à l'origine sur ses calculs, qui d'ailleurs étaient exacts.

C'est par là, sans doute, qu'il gagna la faveur de Louvois, de sorte que le ministre le choisit pour succéder, comme professeur d'architecture (et en fait directeur de l'Académie), à Blondel, mort le 21 janvier 1686, non sans quelque hésitation, semble-t-il, puisqu'une année entière s'écoula avant sa nomination, le 7 janvier 1687 [3]. Faut-il tenir quelque compte du silence gardé

1. *Comptes des Bâtiments du roi*, t. II, col. 102, 237, 540, etc.
2. *Id.*, t. II, col. 378, 462, 689, etc.
3. Il figure désormais aux comptes avec cette mention : « A Monsr de La Hire 1 200 livres pour y tenir (à l'Académie) les conférences et y enseigner publiquement ». C'était la formule employée depuis Blondel pour le professeur d'architecture et le directeur de l'Académie.

par l'Académie le jour où de La Hire lui fut présenté, alors qu'elle avait consigné à son procès-verbal les témoignages d'estime prodigués à Bullet? Peut-être les architectes virent-ils de mauvais œil le rôle prépondérant attribué à un pur mathématicien [1].

Pourtant, les délibérations continuèrent d'abord à porter sur les questions essentiéllement architecturales. De La Hire traduisit même un livre de Scamozzi, qui fut commenté et discuté au cours de l'année 1687. Mais il n'y a pas d'exagération à dire que, peu à peu, il introduisit à l'Académie l'esprit mathématique. « M. de La Hire a promis d'apporter au premier jour la manière de tracer les panneaux, tant de douelle que de lit, d'une manière géométrique..., à la différence de celle dont les ouvriers se servent ordinairement [2]. »

Il y a quelque intérêt peut-être, pour montrer la variété de ses aptitudes et le genre de collaboration qu'il apportait à l'Académie, à indiquer

1. Du 7 janvier 1687 : « Ce jourd'huy, M. de La Chapelle est venu par ordre de Monseigneur de Louvois dire à la Compagnie que mondit seigneur avoit fait choix de Monsr de La Hire, professeur des mathématiques au Collège royal, et de l'Académie des sciences, pour continuer dans l'Académie d'architecture les leçons que M. Blondel y faisait aux élèves de ladite Académie... et a présenté à l'Académie ledit s^r de La Hire pour assister à leurs Assemblées ».
2. 22 octobre 1688.

quelques-unes de ses recherches ou quelques-uns de ses ouvrages :

Observations faites à Brest et à Nantes en 1679 (avec Picard), — *à Bayonne, Bordeaux et Royan en 1680, — aux côtes septentrionales de France pendant l'année 1681* (avec Picard), — *en Provence et à Lyon sur la fin de l'année 1682* (La Hire seul).

Puis :

Observations sur la quantité de pluie qui est tombée à Paris dans les quatre dernières années. — Réflexions sur la machine qui consomme sa fumée, inventée par M. Dalsème. — Description d'un insecte qui s'attache aux mouches[1]. — *Mémoires de mathématique et de physique.*

Son *Traité de mécanique, où l'on explique tout ce qui est nécessaire dans la pratique des arts,* publié en 1692; l'*École des arpenteurs* (1689); *La Gnomonique ou méthode universelle pour tracer des horloges solaires ou cadrans sur toutes sortes de surfaces* (1698); son *Traité de la pratique de la peinture*[2] sont les seuls qui se rattachent de plus ou moins loin à l'art.

Tout compte fait, en reconnaissant que La Hire

1. *Mémoires de l'Académie royale des sciences,* t. VII et X (voir la table).

2. Insérés tous deux dans les *Mémoires de l'Académie royale des sciences,* t. X.

était incontestablement une intelligence forte et vaste, un esprit de haute envergure, on avouera que sa place ne semblait pas indiquée à la tête de l'Académie d'architecture et que son enseignement risquait de dépasser l'esprit de ses élèves.

Robert de Cotte a vécu jusqu'en 1735. Né en 1656, il était peut-être fils d'un certain Charles de Cotte et petit-fils de Frémin de Cotte, ingénieur au siège de La Rochelle en 1628, auteur de l'*Explication brève et facile des cinq ordres d'architecture*. Il fut de bonne heure employé chez Mansart, de qui il épousa la belle-sœur, Catherine Bodin, ce qui contribua singulièrement à sa fortune. Il travailla à la construction de la machine et de la tour de Marly, en 1683-1684, au dôme des Invalides, à l'église Saint-Charles à Sedan (1688).

Il entra à l'Académie et reçut le titre d'architecte du Roi en février 1687, fit en 1689-1690 un voyage en Italie[1], à la suite duquel il reprit ses travaux auprès de son beau-frère.

Bien qu'on se demande si, dès cette époque, il ne faut pas lui donner une part dans ce qu'on appelle le style Mansart, c'est à partir de 1700 surtout qu'il paraît jouer un rôle considérable.

---

1. On a le journal de son voyage (Bibl. nat., Cabinet des Estampes, papiers de Cotte, 587).

RÔLE ET TRAVAUX DE L'ACADÉMIE

La Compagnie fut installée d'abord au palais Brion[1], dans une partie de la galerie voisine de celle où déjà l'Académie de peinture tenait ses séances. Les comptes des Bâtiments portent mention d'achats de meubles, tapisseries, etc., pour les salles qui lui étaient réservées.

Mais, en 1692, le Roi ayant donné à son frère « la maison et hôtel du Palais Cardinal et ses dépendances », l'Académie dut céder la place au prince, qui projetait la construction d'une nouvelle galerie sur le terrain occupé par l'hôtel. En échange, on lui attribua des appartements dans le Louvre. Les choses paraissent avoir été décidées très hâtivement, puisque la donation fut faite en février et qu'on lit dans le procès-verbal du 4 du même mois : « La Compagnie s'estant assemblée au Palais-Royal pour la dernière fois, elle s'est transportée au Louvre... comme il est porté par le premier plan[2]. » Ce « premier plan » ne fut pas

---

1. Cette galerie, où l'Académie de peinture était installée depuis 1665, faisait partie d'une dépendance du Palais royal; l'ancien *Hôtel de Richelieu*, devenu le *palais Brion*, et avait été destinée d'abord à servir de bibliothèque. Elle donnait par son extrémité occidentale sur la rue de Richelieu.

2. *Comptes des Bâtiments*, t. 1, col. 499. Le 20 janvier 1674, on transporta au palais Brion quelques-uns des modèles du

absolument définitif; quelques modifications sans doute avaient été demandées dans la distribution des pièces, et le procès-verbal du 11 porte : « La Compagnie s'est assemblée pour la première fois au Louvre. M. d'Orbay a fait voir le plan de la distribution que M. le marquis de Villacerf a arrestée le 8 février 1692. »

La Compagnie fut installée dans les anciens appartements de la Reine, situés au premier étage de l'aile méridionale, qui avait été doublée en largeur sur le quai, sous la direction de Claude Perrault. Mais les constructions nouvelles étaient restées inachevées, inhabitées et inhabitables, pas même couvertes. Le local de l'Académie correspondait donc seulement au corps de logis qui donnait sur la cour, entre le guichet dit aujourd'hui du pont des Arts et l'aile édifiée par Pierre Lescot au XVIe siècle. Les salles, un peu modifiées dans leur disposition, sont consacrées aujourd'hui à une partie des antiquités grecques et de la céramique antique (I, antiquités grecques, II, III, IV, céramique antique).

L'Académie d'architecture n'a pas joué le même rôle que l'Académie de peinture; il est peu ques-

Louvre. — Voir la note 1 de la p. 2 du t. I des *Procès-verbaux* et le plan du Palais-Royal par La Boissière en 1679 (Cabinet des Estampes, topogr.).

tion d'elle, même administrativement, au temps de Louis XIV. Colbert lui députe ses commis ou ses contrôleurs généraux; il envoie à deux de ses séances son fils d'Ormoy, qu'il veut initier aux choses de la surintendance, mais il semble l'avoir tenue en dehors de toute action officielle. On ne voit pas qu'il l'ait jamais consultée sur les affaires de l'École de Rome; elle ne paraît pas dans la correspondance des Directeurs. Elle eut des élèves; on ne sait guère lesquels. Les jeunes architectes qui allèrent à Rome furent choisis directement par le surintendant [1].

Les architectes ne manifestèrent jamais comme le faisaient leurs confrères les peintres et sculpteurs. La mort de Colbert passe inaperçue chez eux. Les décès de leurs propres confrères ne sont pas signalés. Pour Blondel seulement, on trouve une mention particulière, mais qui ne vise que la question d'enseignement.

Blondel était mort le 21 janvier 1686, et on lit au procès-verbal du surlendemain : « ... Et comme elle s'est assemblée (la Compagnie) ce jourd'huy

1. Du Vivier avait été envoyé en 1665, d'Aviler le fut en 1674 (l'Académie, dans la séance du 30 décembre 1680, rappelait qu'il avait été un de ses premiers élèves et envoyé à Rome « sous son nom »). Il n'y en a pas trace dans la *Correspondance des Directeurs*, t. I, p. 64, 65, 96. Voir Jules Guiffrey et Barthélemy, *Liste des pensionnaires de l'Académie de France*, p. 11, 50, 51. Les grands prix d'architecture ne furent institués qu'en 1720.

particulièrement, sur la nouvelle qu'elle a eue de
la mort de M. Blondel, arrivée le 21e de ce mois,
elle a remis au premier jour pour voir si elle
n'aura rien à délibérer à cette occasion. » Puis,
le 25 janvier : « On s'est assemblé ce jourd'huy et
l'on a résolu dans la Compagnie d'aller demain
saluer monseigneur de Louvois et, luy donnant
avis de la mort de M. Blondel, sçavoir de luy ce
que la Compagnie auroit à faire pour la continua-
tion des leçons. »

Colbert prenait intérêt aux travaux de l'Académie, surtout pour y introduire l'esprit d'organisation. Le 23 août 1683, à la veille presque de
sa mort, il envoya d'Ormoy à la séance, pour
proposer (car l'idée venait certainement de lui)
un programme, dont les termes furent ainsi for-
mulés dans le procès-verbal suivant :

« Estant à propos qu'il paroisse quelque chose
au public de ce qui se fait icy, et qu'elle soit
digne du nom qu'elle porte d'Académie royale
d'architecture[1], il falloit se résoudre à traiter ce
qu'il y a de plus particulier dans chacune des

1. En 1682 déjà, l'Académie avait décidé de relire les conférences, d'en faire pour le public des extraits par ordre de
matières, de fournir les raisons de ses résolutions (séance du
12 janvier). Il est regrettable qu'elle n'ait pas donné suite à ce
projet.

parties de l'architecture, qui sont la salubrité, la solidité, la commodité et la beauté des bastimens, et comme celle qui regarde la solidité peut être traitée la première, il (le surintendant) a convié chacun de MM. les architectes du Roi en particulier de penser sérieusement à cette matière et, commençant par la nature des terrains, rapporter au premier jour ce qu'ils pourront avoir observé sur les différences de terrain, tant à Paris qu'aux environs, et quelles sont les précautions qu'ils croiroient devoir estre nécessairement apportées pour construire solidement quelques bastimens que ce puisse estre. »

La Compagnie se conforma en partie aux désirs du ministre, même après sa mort. Sur des rapports de Bruand et de Gittard, elle discuta quelques-unes des matières qu'il lui avait proposées. Seulement, elle continua à procéder au jour le jour et au hasard de ses lectures ou des questions qui lui étaient posées.

Mais, dans la sphère un peu resserrée où elle fut maintenue, la Compagnie accomplit des tâches multiples.

Depuis le premier jour jusqu'au dernier, elle fut incessamment consultée sur les choses de sa profession, même sur des sujets très minimes.

Colbert lui demande à plusieurs reprises son avis sur les travaux de Versailles, sur ceux du nouveau Louvre. On sait, parce que le fait a été souvent cité, qu'il lui confia le soin d'inspecter, au point de vue des matériaux, un grand nombre de carrières et de monuments de Paris et des environs (jusqu'à Rouen même). Cette mission occupa les représentants de la Compagnie pendant plus de deux mois et il en reste un rapport fort détaillé[1].

Les villes s'adressent assez fréquemment à l'Académie. Besançon, Saint-Brieuc la sollicitent d'examiner ou d'envoyer des plans et des dessins pour un hôpital; le chapitre de la cathédrale de Bayeux s'informe auprès d'elle du meilleur mode de couverture provisoire, après l'incendie qui a détruit une grande partie des toitures. De Bourges, de Caen, de Lille, de Chartres, etc., on lui communique des projets de construction ou de décoration[2], qu'il s'agisse, comme à Bourges, des bâtiments de l'archevêché ou, comme à Chartres, d'une glacière à établir dans la cour de l'évêché ou, comme à Caen, des plans de Notre-Dame de la Gloriette[3].

1. Consulter le t. I des *Procès-verbaux*, p. 168-260, ou la *Revue d'architecture* de Daly, t. X, p. 185 et suiv. Le rapport y est reproduit avec des notes du marquis de Laborde, de Viollet-Leduc et de Michelot.
2. T. II, p. 122, 20-22, 37-80, 68-101, etc.
3. T. II, p. 20.

Les Feuillants de Paris lui soumettent les projets présentés pour la porte de leur couvent de la rue Saint-Honoré; les Carmes déchaussés de la rue Vaugirard veulent avoir d'elle un dessin pour un grand tabernacle. Les « Messieurs de la Sorbonne » requièrent son avis sur le dessin de deux autels pour leur église. Mansart demande à ses confrères leur avis sur la charpente de la coupole des Invalides, sur le projet pour la chapelle de Versailles, et il semble même qu'il leur confie l'examen du devis présenté à ce sujet par les entrepreneurs. Louvois les occupa longtemps à reviser les projets de Claude Perrault pour l'Arc de Triomphe du faubourg Saint-Antoine.

Bien plus, on sollicite un jour l'Académie, avec des formes assez mystérieuses, de donner des dessins pour une maison de chasse à construire en « Hollande ». On lui apprend ensuite, avec le même air de mystère, que cette maison est destinée à un grand, très grand personnage, enfin que ce personnage n'est autre que Guillaume d'Orange, le puissant Stathouder[1].

Observons en passant que tel détail, au premier abord secondaire, peut avoir une portée générale. On a quelquefois dit que Mansart, en donnant à

1. T. II. (Voir pour tous ces projets la table des noms de lieux.)

la chapelle de Versailles une hauteur assez considérable par rapport à sa largeur, revenait instinctivement ou de parti pris à des traditions gothiques. Est-ce exact lorsqu'on le voit exposer à l'Académie qu'il « donne de hauteur à la dite chapelle quatre pieds de plus que le double de sa largeur, à cause de la sujétion que lui donnent le rez-de-chaussée et le premier étage de l'appartement du Roy »[1]?

Il arrive même que la Compagnie juge par compromis. Elle le fit dans une affaire où l'un de ses membres était intéressé : le différend entre les deux frères Le Paultre, l'architecte Antoine et le graveur Jean. Mais il est plus étonnant de la voir intervenir dans un très vulgaire règlement de comptes, entre le marquis de Bullion et le maître maçon Le Brun, à propos d'une construction banale. Le plus singulier peut-être est que, dans le contrat et devis primitif, les deux parties avaient à l'avance fait appel à son arbitrage.

A toutes les demandes, l'Académie répond avec une inlassable bonne volonté, non seulement quand il s'agit, — cela va de soi, — de Colbert, plus tard de Louvois, ou même des municipalités ou des corps religieux, mais aussi quand elle se trouve en face de personnes privées.

---

1. Ces proportions furent modifiées à l'exécution, mais toujours dans le même sens.

Elle fournit des solutions, des plans, des dessins ; elle charge même un de ses membres de suivre les travaux.

A partir de 1684 (est-ce dû à l'influence de Louvois?) elle joua le rôle d'un Conseil supérieur des ponts et chaussées. Ce fut là sa principale occupation, surtout pendant les années 1684 à 1690. Réparation du pont de Pyrmil à Nantes, des ponts de Moulins, de Lyon, construction des ponts de La Charité, de La Ferté-sous-Jouarre, d'Hennebont, de Saint-Pourçain, de Pont-sur-Yonne, etc., tous les projets passent sous ses yeux, à l'état de plans, devis, si bien que nous avons pu retrouver quelques-uns des dessins qui lui furent soumis. Même pour des travaux minuscules, tels que ceux d'un pont de bois sur la petite rivière de la Sedelle dans la Marche, on s'adresse à elle. Ou bien encore pour des entreprises de régularisation du cours de certaines rivières (Dordogne, Isle, Haute-Vézère).

Elle a occasion de parler du canal de l'Ill, à Strasbourg, à propos d'un curieux projet de canal à creuser de la Marne à la Seine, autour de Paris, pour éviter les inondations si fréquentes au XVIIᵉ siècle [1].

---

1. Voir *Bulletin de la Société de l'Histoire de l'Art français*, 1912 : Un projet de canal de la Marne à la Seine en 1698, H. L.

Sur l'histoire de la construction du Pont-Royal à Paris, les procès-verbaux complètent, précisent ou même rectifient ce qu'on savait déjà.

Elle étudiait de très près ces questions; nous en avons la preuve à propos des ponts de Nantes, de Moulins, de Lyon, de Saint-Pourçain.

Un des épisodes les plus notables de l'histoire de l'Académie pendant ces vingt années est certainement celui de ses rapports avec Louvois à propos de l'aqueduc de Maintenon. Les procès-verbaux révèlent sur ce point des faits absolument ignorés jusqu'à présent[1].

On sait que Louvois conçut en 1684 l'idée d'amener à Versailles les eaux de l'Eure, avec la pensée d'effacer par un acte éclatant le souvenir des grands travaux de Colbert. Il envoya Philippe de La Hire pour établir le nivellement du terrain depuis les sources de la rivière, et La Hire constata qu'il y avait à partir de Pontgouin (à l'ouest de Chartres) une pente suffisante[2]. Mais, à Maintenon, la vallée se creuse à une profondeur de 70 mètres environ et il s'agissait de savoir comment on franchirait le passage.

1. Voir les *Procès-verbaux* du 5 janvier au 4 mai 1685.
2. On peut consulter Camille Rousset, *Histoire de Louvois*, t. III, p. 284 et suiv. (très sommaire), et L.-A. Barbet, *Les grandes eaux de Versailles*, 1907, p. 68-81.

Vauban proposait un siphon. Louvois déclara le projet impraticable et il se décida à demander les avis de l'Académie d'architecture. Il songeait à établir un viaduc de 210 pieds de haut, composé de piles en briques de 4 toises d'épaisseur environ [1]. La Compagnie, qui avait d'abord admis le projet, en montra ensuite le péril, lorsqu'elle fut mieux informée. Elle engagea avec le tout-puissant ministre un dialogue assez vif : que des piles de cette hauteur (d'une hauteur sans exemple) tasseraient, ne fut-ce que par l'inégalité du terrain ; que dans un ouvrage de cette nature il n'y avait rien à épargner ; qu'il fallait suivre l'exemple des anciens, qui avaient fourni au pont du Gard ou à l'aqueduc de Belgrade près de Constantinople des modèles parfaits de ce genre de construction.

Et comme Louvois invoquait des raisons d'économie et lui « commandait de s'humaniser », elle répondit en déclarant qu'elle ne donnerait aucune résolution qui ne fût digne d'elle et de la gloire du Roi.

Ainsi, d'un côté, l'aqueduc à piles de briques d'une seule venue (sur 4 toises d'épaisseur), de l'autre, l'aqueduc à trois étages (pont du Gard) en

1. La toise vaut à peu près 2 mètres.

pierres de taille, avec des épaisseurs et des lar-
geurs considérables (40 à 50 pieds au moins). Or
ce fut l'opinion de l'Académie qui l'emporta,
jusque dans les détails, et l'aqueduc, tel qu'il fut
entrepris, devait être conforme au dessin accepté
et corrigé par la Compagnie[1]. On sait qu'il ne
fut élevé que jusqu'au premier étage et que les
travaux furent arrêtés en 1690, lorsque les troupes
envoyées pour creuser le canal eurent été déci-
mées par les maladies. L'aqueduc n'avait de raison
d'être que si le canal était exécuté[2].

L'Académie n'a jamais cessé, depuis le premier
jour jusqu'au dernier, de s'occuper des problèmes
d'esthétique.

Ses séances furent en partie remplies par
l'étude des auteurs qui avaient écrit sur l'architecture : Vitruve d'abord, qu'elle lut et relut à
chaque génération d'artistes, puis Palladio, Serlio, Alberti[3], Bullant, Philibert de l'Orme,
François Blondel. Lecture, commentaire, discussion, il y a là dedans bien des paroles

1. Voir à la Chalcographie du Louvre les gravures qui donnent
un grand nombre de dessins, de plans, etc., pour l'aqueduc.
2. Sur la question, voir l'introduction des *Procès-verbaux*, t. II,
p. xxxiii-xliii, et Société centrale des Architectes, Congrès de
1912.
3. Pour Vignole, voir ci-après, p. 187.

oiseuses, mais on y trouve aussi des observations intéressantes, pratiques, et qui nous renseignent sur l'esprit des artistes [1].

L'Académie adopta et proclama les doctrines esthétiques qui étaient celles de son temps.

Dès sa première séance, elle se préoccupa de rechercher s'il y avait des lois fixes pour le beau, et mit à l'ordre du jour le problème du « Bon Goust » en architecture; elle ne put le résoudre, on le comprend. Le 18 août 1681, « assemblée en grand nombre en présence de Monsieur le surintendant », elle reprenait la question sans beaucoup plus de résultat. Il lui paraissait vraisemblable « qu'il y a dans l'architecture un certain arrangement, nombre, disposition et grandeur des parties, qui produisent cette union d'harmonie que l'on appelle beauté et qui fait qu'elle nous plaît ». Puis elle s'engageait dans une compa-

---

1. Alors que nous savons si peu de chose sur la vie et même sur les œuvres des architectes, nous ne pouvons, à plus forte raison, songer à savoir ce qu'était leur culture générale en dehors de leur art. Tout au plus les procès-verbaux nous apprennent-ils que quelques-uns lisaient l'italien, peut-être le latin, puisqu'ils semblent connaître Vitruve autrement que par Perrault ou sont en état de comparer la traduction de Jean Martin au texte original et de la juger. On voit aussi qu'ils citent des auteurs ou des ouvrages aujourd'hui fort peu connus : Giovanni Branca, Monjosieu, Martino Bassi, ce qui indique des préoccupations d'érudition. Ils paraissent, — quelques-uns, — initiés aux éléments de la musique. Quant aux sciences mathématiques, elles sont familières à presque tous (t. I, p. 97; t. II, p. 17).

raison très compliquée et alambiquée entre l'architecture et la musique, qui, d'ailleurs, était à cette époque une sorte de lieu commun[1].

Il lui parut plus simple de s'appuyer sur le principe d'autorité, alors très en faveur.

Elle le chercha d'abord chez les anciens, c'est-à-dire chez Vitruve, puis chez les disciples de Vitruve, qu'elle s'efforça de classer hiérarchiquement (c'était encore une idée du siècle). Elle attribua le premier rang parmi les Italiens à Palladio, le second à Scamozzi, le troisième à Vignole, etc.; à leur suite venaient les Français, Philibert de l'Orme, Bullant.

Ou Vitruve ou les monuments antiques, disons, pour être plus exact, les monuments de la Rome antique, les seuls à peu près que connussent les académiciens. Bien entendu, ils les connaissent en archéologues, non en historiens. Ils ne discutent ni les attributions, ni les âges; ils acceptent de prime abord les opinions courantes. Mais ils ont vu de leurs yeux les édifices dont ils parlent, puisque presque tous ont été à Rome. Ils les ont étudiés, mesurés, et ils en ont fait des relevés, sur lesquels ils fondent les doutes qu'ils

---

1. Elle l'empruntait sans doute à Perrault, dont elle combattait pourtant les idées. Voir *Les dix livres de Vitruve*, p. 100 et 102, et *l'Ordonnance des cinq espèces de colonnes* (Préface).

opposent quelquefois aux théories vitruviennes elles-mêmes [1]. Sous ce rapport, ils sont documentés et ils ont même le sentiment assez juste des règles essentielles de la critique archéologique. Ils comparent les dessins; ils s'en font envoyer d'Italie quand ils conçoivent des doutes. Aussi accueillirent-ils avec une grande satisfaction l'ouvrage de Desgodetz sur les monuments de Rome. Ils le citent très fréquemment [2].

Plus ou moins bien connus ou compris, les anciens sont les maîtres sans cesse invoqués.

Terme bien vague d'ailleurs que cette antiquité. Où commençait-elle, où finissait-elle? Quels pays embrassait-elle? L'Italie seule ou la Grèce et l'Italie? Sur tous ces points, ils étaient fort mal informés. Ils ne connurent rien des véritables ordres grecs, pas plus qu'on ne connaissait, de leur temps, le véritable art grec. Pourtant, ils eurent bien le sentiment (peut-être parce que ç'avait été déjà celui du théoricien latin) qu'il y avait des différences entre les architectures

1. Ils citent, mais rarement, quelques monuments de la Gaule romaine. Blondel et Mignard ont été à Rome en 1671; ils ont regardé des monuments. Mignard a mesuré la Maison Carrée, et le prétendu temple de Diane, à Nîmes (*Procès-verbaux*, t. I, p. 65, 66, 73, 74).

2. *Les Monuments antiques de Rome dessinés et mesurés très exactement*, 1682. L'Académie avait eu connaissance des dessins avant la publication.

romaine et grecque. Ils sentirent aussi que le composite n'était pas un ordre, à proprement parler. « Il est faux de dire que les anciens Grecs aient eu cinq ordres puisque, au rapport de Vitruve même, ils n'ont connu que le dorique, l'ionique et le corinthien, l'ordre toscan, quoique ancien, n'ayant été en usage de leur temps qu'en Italie[1]. »

Les auteurs modernes sont jugés surtout à la mesure de la part qu'ils ont faite aux anciens dans leurs écrits. Vignole a eu le mérite de se conformer « autant qu'il a peu aux plus beaux exemples qu'il a trouvez de l'antiquité ». On « a l'obligation à Palladio de nous avoir laissé les desseins assez exacts de la plupart des antiquitez » ; à Serlio « de nous avoir donné les desseins de la plupart des ouvrages antiques ».

On peut s'étonner, étant donné le prestige dont est entouré le nom de Vignole, le plus populaire peut-être de tous les Italiens, le représentant du classicisme autour duquel se sont livrés les grands combats, que les académiciens ne lui aient fait dans leurs discussions qu'une place fort restreinte. Non seulement ils ne lui donnèrent que le troisième rang parmi les modernes, mais ils

---

1. *Procès-verbaux*, t. I, 11 avril 1673, p. 34, 35.

ne le lurent ni ne le commentèrent[1], pendant qu'ils consacraient de longues séances à Serlio.

D'ailleurs, pas plus pour Palladio que pour Scamozzi ou pour Vignole, les académiciens ne professent un respect sans réserve. Ils les discutent dès qu'ils ne les trouvent plus d'accord avec Vitruve ou avec les « Ruines »; assez vivement parfois, lorsqu'ils n'ont affaire qu'à leurs idées ou à leurs œuvres personnelles. Ils ne craignent pas de reprocher à Palladio même du mauvais goût, des fautes contre la doctrine. Quant à Philibert de l'Orme, il y a tout un livre de lui qu'on ne lit même pas, tant il est contraire à la « bonne architecture[2] ».

C'est qu'ils voient surtout dans l'architecture l'art des proportions et de l'harmonie, et qu'elle est fondée pour eux sur la science des ordres, de sorte qu'ils ramènent tous les problèmes d'esthétique à l'observation plus ou moins normale des règles établies par les anciens pour l'emploi des colonnes, « la partie la plus noble et la plus considérable, qui s'applique à l'ornement des façades ».

Ils ne se lassent pas de revenir sur ce sujet : pureté des profils, proportion des entablements

1. Au moins jusqu'en 1699.
2. *Procès-verbaux*, t. I, août-septembre 1677.

LES CINQ ORDRES D'ARCHITECTURE.

ou des bases, emploi correct des moulures, etc.
La colonne doit-elle être renflée à son centre,
amincie à sa partie supérieure? De combien
renflée, de combien amincie? Quel procédé ou
quelle méthode doit-on employer pour obtenir en
cela le dessin le plus élégant? Palladio est blâmé
pour avoir usé d'un procédé empirique, indigne
d'un architecte. Comment fait-on les cannelures,
de quelle profondeur, de quel diamètre? Comment dessine-t-on la volute ionique? La matière
est inépuisable pour eux.

A côté de cela, il faut établir qu'ils ne négli-
geaient pas les questions pratiques, mieux informés de leur métier qu'on ne le croit. On les voit
fréquemment discuter sur les qualités des pierres,
des sables, du ciment, sur la meilleure façon
d'établir les fondations, sur les bois à employer,
sur les planchers, la manière de faire les voûtes, etc.
Ils avaient voyagé et rapporté des observations
techniques, même sur des détails. Blondel parle
des constructions de Rochefort, des fortifications
de l'île de Ré ; d'autres, de certaines manières de
bâtir en Picardie [1].

---

1. *Procès-verbaux*, t. I, p. 153, 161. Ils savent très bien apprécier la valeur de *L'Art de bâtir à petits frais*, de Philibert de
l'Orme.

Lorsqu'ils étudient les constructions modernes, on constate, non sans quelque surprise, qu'ils discutent des autorités telles que celle de Palladio, en faisant cette fois porter leurs critiques sur des incommodités de plan : escalier mal placé, chambre mal disposée, jour mal pris. « Sur l'examen qui a esté fait en détail des desseins de maisons particulières de Palladio [1]... l'on ne voit pas qu'il se soit mis en peine de chercher la place du lit ni des cheminées, ce qui est pourtant très considérable parmy nous. » Ils sont particulièrement sévères pour les plans de Serlio : « La Compagnie... a examiné le premier dessein que Serlio produit dans son 7e livre [2], qui pourroit peut-être être de quelque utilité en Italie, mais ne sçaurait servir en France, parce qu'il n'y a pas de place raisonnable pour les lits dans les chambres, celle qu'il leur donne n'estant pas suffisante pour placer un lit commodément. Les jours sont mal pris, particulièrement ceux du salon ; les cheminées mal placées sur des murs de face et bouchant le jour d'une fenestre et, s'il avoit fait paroistre les tuyaux sur le comble, comme ils devoient estre suivant son plan, la difformité en paroistroit beaucoup plus grande. »

1. *Procès-verbaux*, t. I, 24 juillet 1673.
2. *Procès-verbaux*, t. I, 26 février, 2, 11, 18 mars 1680, etc.

Ils ont même l'esprit assez libre sur certains points. Car, s'ils condamnent en bloc le gothique, il leur arrive d'apprécier assez équitablement la valeur d'édifices gothiques, dès qu'ils les étudient. C'est toujours la différence entre l'esprit de théorie et l'esprit d'observation. Ils n'auraient pas été des artistes, s'ils n'avaient pas eu le second.

Au reste, ils ne parvinrent d'ailleurs pas à s'établir dans une doctrine irréductible. On les voit, à leur insu peut-être, hésiter plus d'une fois entre la liberté et l'autorité. En même temps qu'ils font appel aux règles, aux modèles immuables qu'ont laissés les maîtres, ils déclarent que la perfection dans les différentes parties de l'architecture « dépend de la grandeur du génie (au sens latin) de l'architecte »; ou bien, quand ils se demandent si l'on pourrait trouver dans l'architecture les proportions qui conduiraient « à une parfaite et unique beauté », la discussion est si confuse « qu'on ne juge pas à propos d'en mettre les différentes raisons dans le registre [1] ».

Voici d'ailleurs quelques nouveautés qui valent d'être signalées : d'abord la place de plus en plus

_____

1. *Procès-verbaux*, t. II, p. 119, 121, 136.

large donnée à l'étude des problèmes de pure technique et de construction. Cela tint sans doute aux nombreux projets soumis à l'Académie pour des ponts à rétablir ou à réparer. Mais elle aborda dogmatiquement aussi toutes les questions d'emploi des matériaux, de fondation suivant la nature des terrains, de solidité des édifices. Elle ne se refusa pas à examiner dans quelles conditions pratiques on pourrait établir des plans de modestes maisons d'habitations pour des marchands, des petits bourgeois, etc.[1] Les questions juridiques aussi attirèrent l'attention des académiciens; ils parlent très souvent du toisé, des servitudes, de la coutume de Paris, ils la commentent[2].

Enfin, on aurait à insister sur la part faite aux sciences pures et appliquées, à partir surtout de 1688. Que Bullet et, plus encore, La Hire aient entraîné la Compagnie dans cette voie, le fait n'en est pas moins notable. La géométrie descriptive, la statique, la trigonométrie, la stéréotomie apparaissent fréquemment dans les délibérations : « M. de La Hire a apporté deux manières de décrire les scoties que la Compagnie a trouvées

1. A propos de l'ouvrage de Le Muet, *Manière de bien bastir pour toutes sortes de personnes....* Il est vrai de dire qu'elle ne s'y arrêta pas longtemps.
2. *Procès-verbaux*, t. II, p. 104, 121, 194, 258.

fort géométriques[1]. M. de La Hire apportera une épure... de l'arrière-voussure, que l'on appelle ordinairement de Saint-Antoine. »

On entrevoit qu'il devait y avoir dans l'Académie des groupements (si restreint que fût le milieu où ils se produisaient) correspondant à des tournures d'esprit, à des tendances différentes, qui elles-mêmes correspondaient à la complexité des éléments de l'art architectural.

Mansart et de Cotte représenteraient plutôt la conception esthétique; Bruand, d'Orbay auraient gardé quelque chose des traditions des praticiens. Sans être absolument étrangers aux sciences mathématiques, ils auraient eu une certaine propension à faire appel aux procédés qu'on appellerait presque les procédés du compagnonnage. La Hire est avant tout le mathématicien, le géomètre de la Compagnie. Bullet appartient à la génération intermédiaire et, intelligence moyenne, participe un peu de toutes ces tendances.

Jusqu'à quel point ces préoccupations scientifiques, qu'il est impossible de méconnaître, se rattachent-elles aux progrès qui s'accomplirent dans les sciences au XVIIe siècle et à la grande place qu'elles occupaient depuis Descartes et au

---

1. *Procès-verbaux*, t. II, p. 161, 200. Voir ci-dessus, p. 169.

temps de Newton? Jusqu'à quel point influèrent-elles sur l'architecture du xviiie siècle? La première question n'est pas de notre ressort. Pour la seconde, nous nous gardons bien de songer à la résoudre actuellement; nous demandons seulement de la poser. La réponse viendra quand on connaîtra mieux le xviiie siècle dans son ensemble.

A la fin de 1698, près de trente années se sont écoulées depuis la fondation de l'Académie. C'est l'histoire d'une génération d'hommes qui, pour la plupart, appartenaient par leur naissance et par leur éducation à la première moitié du xviie siècle autant qu'à la seconde. Nous voulons parler de François Blondel, de Bruand, de Gittard, de d'Orbay, de Félibien, qui tous avaient disparu à la fin de 1697, et qui certainement imprimèrent à l'Académie la marque de leur esprit, beaucoup plus que des artistes tels que Mansart lui-même. La Hire et Bullet n'entamèrent qu'en partie la tradition établie.

Ainsi, à mesure qu'on avance dans la lecture des procès-verbaux, l'ensemble de la doctrine académique se dégage de plus en plus; elle se présente d'ailleurs avec simplicité et avec unité. Elle se fonde presque exclusivement sur les modèles consacrés, presque toujours choisis dans l'antiquité, ou sur les leçons des maîtres. C'est la doctrine du pur classicisme architectural, il faut le répéter.

Est-elle exactement la même que celle des peintres et des sculpteurs? On peut se le demander, maintenant qu'on a entre les mains la teneur des délibérations des deux Académies[1]. Chose curieuse, il ne s'établit entre elles aucune relation, du moins n'en trouve-t-on pas de trace. Dans leur vie académique, leurs membres parurent s'ignorer, aussi bien qu'ignorer leurs arts réciproques.

Cela n'empêche pas qu'ils aient participé de la même esthétique, mais avec des nuances, je crois, dans l'interprétation ou dans l'application. Il semble bien que les théories architecturales se rattachèrent encore plus particulièrement à l'antiquité latine et à la Renaissance italienne, et l'on n'observe pas de solution de continuité même d'Alberti (lu à deux reprises) à François Blondel : de la fin du XVe à la fin du XVIIe siècle. Ce n'est pas tout à fait le cas pour les peintres et les sculpteurs.

1. *Procès-verbaux des séances de l'Académie de peinture et sculpture* (1648-1793), publ. par A. de Montaiglon. 1875-1892. *Conférences de l'Académie de peinture.* publ. par H. Jouin, 1883, et par Fontaine, s. d.

Cette pédagogie est-elle en accord avec les œuvres du temps de Louis XIV? L'édifice le plus vitruvien, à coup sûr, la colonnade du Louvre, appartient à Claude Perrault qui, très probablement, ne fit pas partie de l'Académie et qui n'en partageait pas toutes les idées. Les Invalides de Libéral Bruand, le dôme de Mansart, la galerie des Glaces et la chapelle de Versailles ne tiennent que peu de chose de tout l'appareil doctrinal des délibérations de l'Académie, mais ces œuvres et d'autres de la même époque en gardent l'inspiration générale.

N'est-ce pas toujours le rôle de la doctrine de formuler des règles et celui des artistes de les interpréter à la mesure de leur tempérament ou de leur talent?

LES ORIGINES DE L'ART
DU XVIIIe SIÈCLE [1]

On a cru pendant longtemps qu'entre la mort
de Le Brun en 1690 et celle de Watteau en 1721,
il n'y avait rien, rien que Watteau lui-même,
considéré comme un génie exceptionnel et isolé.
Ou, pour mieux dire peut-être, il semblait que
l'extraordinaire personnalité de Louis XIV et
l'empreinte dont il avait marqué toutes choses
avaient dû s'imposer jusqu'au bout aux hommes
de son temps; on pensait volontiers que l'art
auquel s'attache son nom n'avait pu disparaître
qu'avec lui.

La vérité est que l'on avait des connaissances
fort insuffisantes sur toute cette période de la fin

1. Article publié dans la *Revue de l'Art ancien et moderne*, en
1906. — Cf. *La Peinture française, de la mort de Le Brun à la
mort de Watteau* (1690-1721), par Pierre Marcel, 1 vol. in-4°, 1906.

du règne. On prononçait les noms des Coypel, des Boullogne; on voyait vaguement s'éteindre ou durer Girardon, Coyzevox, les Coustou. On n'ignorait pas que les Invalides avaient été bâtis sous Louis XIV; mais décorés par qui, à quel moment? On avait regardé hâtivement, du haut de la tribune royale, la chapelle de Versailles; mais de ses peintures, de ses sculptures, que savait-on?

M. Pierre Marcel a entrepris de combler cette lacune, en composant son livre, présenté comme thèse et très apprécié en Sorbonne. Il s'y est au début préoccupé d'apprendre aux lecteurs ce qu'ils ne savaient pas et avaient besoin de savoir : biographies, œuvres, chronologie des hommes et des choses, car il n'y a pas d'histoire sans un fond de documentation très précise.

Notons que des détails, qui paraissent parfois un peu minutieux, sont souvent pleins d'enseignements généraux : les généalogies, où l'on voit se perpétuer, jusqu'à la troisième et quatrième génération, des dynasties d'artistes, qui s'enchevêtrent et se fondent les unes dans les autres par des mariages, montrent combien se maintenaient les traditions du passé corporatif, malgré la fondation de l'Académie de peinture et de sculpture, et que l'atelier dominait encore sur l'école. C'est au foyer domestique, où souvent le père et la mère étaient unis par la communauté du travail artistique, que l'enfant prenait des goûts, des exemples, des leçons, un enseignement pratique qui préparait, mais aussi corrigeait à l'avance celui de la pédagogie académique. Toutes sortes de conséquences s'en peuvent déduire.

Mais M. Pierre Marcel a voulu avant tout prendre position sur une théorie historique. A ses yeux, l'art français commence à se transformer dès que cesse le principat si autoritaire de Le Brun ; dès lors, il recouvre quelque liberté, et des artistes, qui, pour la plupart, appartiennent à une génération nouvelle, préparent Watteau, le rendent possible, dirait-on volontiers, ou annoncent même quelque chose de Boucher. L'auteur n'a porté ses investigations que sur la peinture ; en même temps que nous l'y suivrons, nous examinerons jusqu'à quel point sa doctrine se vérifie ou se complète par l'étude particulière de la sculpture, de l'architecture et même de la littérature.

Tout d'abord il est certain qu'avec le XVIIe siècle finissant, le système monarchique, tendu jusqu'à l'excès par Louis XIV, éclata ou au moins se désagrégea. Guerres désastreuses, ruines financières, souffrances de toute sorte, tels sont les traits bien sombres du tableau du règne : dès 1689 même, car le roi, à cette date, en était réduit à tirer de la fonte ou de la vente de sa vaisselle d'or et d'argent, œuvre splendide de la manufacture des Gobelins, des ressources suprêmes. Suprêmes en effet, puisqu'il fallut recourir ensuite, pendant près de vingt-cinq ans, aux pires expédients. Ainsi le souverain est privé du ressort le plus puissant pour la direction de l'art, celui des commandes. En même temps, avec un roi appauvri, vieilli, rétréci par la dévotion, Versailles cesse d'être un centre d'attraction, Paris reprend sa primauté. Société et par suite clientèle très nouvelle : princes comme le duc d'Orléans, seigneurs ou gentilhommes comme ceux du Temple, gros financiers ou agioteurs, tout ce monde, libertin, sensuel, avide de jouissances, fait penser d'avance à la société du Directoire, en tout cas à la Régence prochaine et à ses roués. A un pareil public, il ne faut plus l'art solennel, majestueux, académique, auquel présida Le Brun ; il demande des élégances, des séductions féminines, des grâces légères, avec une pointe de volupté.

Ces goûts coïncident avec l'affaissement des doctrines artistiques elles-mêmes et il n'y a pas à craindre d'insister sur la querelle antérieure des

Rubénistes, partisans de la couleur, et des Poussinistes, défenseurs du dessin, qui devient presque un conflit entre les idées de liberté artistique et les principes du canon classique. Or, l'Académie qui le détient n'a pas gardé plus d'autorité que le Roi; toutes les règles fléchissent aussi bien que les pouvoirs régulateurs.

Cela posé, on se gardera d'aboutir à des conclusions exclusives. Les faits intellectuels, toujours complexes, doivent être pesés très délicatement dans un instrument d'une parfaite sensibilité. Nous sommes ici en face d'une période de transition : le mot s'impose, surtout lorsqu'il s'agit des vingt-cinq années de Louis XIV. Ni Le Brun, ni Watteau : encore du Le Brun cependant et déjà du Watteau. Hésitations, essais, artistes attardés, artistes novateurs, parfois sans le savoir, la plupart d'ailleurs sans physionomie, sans accent, essentiellement moyens quand ils ne sont pas médiocres. De La Fosse, de Boullogne, de Raoux, de Santerre, il n'y a guère à tirer que le témoignage de leurs incertitudes. A vrai dire, c'est ce qui importe en la circonstance. Une peinture des Invalides[1], de La Fosse, *Saint Louis déposant sa couronne aux pieds du Christ*, reste conçue dans le

1. Pierre Marcel, p. 32.

goût académique, et porte en soi tant d'essence traditionnelle qu'on retrouvera quelque chose de l'attitude de saint Louis dans le *Vœu de Louis XIII* d'Ingres ou dans le Saint Louis de Gros à la coupole du Panthéon. D'autre part, un *Saint Grégoire élevé au ciel*, de Bon Boullogne, rappelle les Extases du Dominiquin ou de Poussin.

Voici, par contre, un Jean Raoux, *Angélique et Médor*[1], dont la plastique est singulièrement naturaliste et dont les attitudes osées annoncent l'art voluptueux de Boucher. Dans un portrait de jeune femme figurant allégoriquement l'Automne, par Louis de Boullogne, on remarquerait aussi combien l'artiste s'est plu à montrer et à rendre l'ampleur savoureuse de la poitrine, ou à chercher des raffinements de séduction.

En mettant à part Watteau, qui reste toujours à part, même quand on lui trouve des précurseurs, fût-ce le trop cité Gillot, le héros du livre de M. Pierre Marcel est certainement Antoine Coypel. Les dates mêmes de la vie de l'artiste en font bien l'intermédiaire entre Le Brun et Watteau, puisque, né en 1661, il avait à peine trente ans à la mort du premier et en comptait plus de cinquante, lorsque le second débuta.

1. Pierre Marcel, p. 131.

Peu d'artistes ont eu une carrière plus facile et plus brillante. Fils de Noël Coypel, riche et très bien en cour, il entre à l'Académie de peinture à vingt ans; il fera partie de celle des inscriptions en 1700. Recherché de Mademoiselle, du duc d'Orléans, du Dauphin, de tous les grands seigneurs, il a partout des travaux considérables : en 1702, la décoration de la Grande Galerie du Palais-Royal; en 1709, celle de la voûte de la chapelle de Versailles. Au début de la Régence, il devient premier peintre du roi; en 1719, il reçoit des lettres de noblesse. C'est un mondain, habile à se mettre en lumière, avide de distinctions. L'Académie le considérait comme un homme qui lui faisait honneur et pouvait la servir. Il avait chez elle, à peu de frais, une réputation d'érudit et de lettré, dont il tirait vanité. Beau diseur, il aimait à parler et à écrire. Il a fait et publié des conférences, un poème sur la peinture, une *Epistre en vers d'un peintre à son fils sur la peinture*[1], adressée à son fils Charles-Antoine, pastiche naïf dans la forme de l'*Art poétique* de Boileau :

> Enfin, vous le voulez, ma résistance est vaine,
> Un ascendant plus fort malgré moi vous entraîne...
> Mais écoutez, mon fils, un père qui vous aime.

Suivent alors des conseils :

1. In-8°, 1708.

Vous donc qui, secondé par un génie heureux,
Courez de ce bel art le sentier périlleux,
Évitez avec soin les dangereux caprices,
Sur de sages avis corrigez tous vos vices....
Des grands maîtres de l'art contemplez les merveilles,
Profitez avec art de leurs savantes veilles ;
Que leurs talents divers soient de vous respectés,
Mais fuyez leurs défauts en cherchant leurs beautés.

Puis l'inévitable appel à la raison :

Que la raison partout guide votre flambeau.

Tout est de ce style. Pourtant ces œuvres, d'une littérature si banale, ne sont pas négligeables, parce qu'on y trouve précisément l'expression des idées du temps : un classicisme très accommodant, un éclectisme qui ressemble beaucoup à du scepticisme. Coypel goûte les Flamands comme les Italiens, Raphaël, Michel-Ange, Corrège, Carrache, Rubens, Van Dyck, Rembrandt ; il parle convenablement de l'antique et convenablement de la nature : « Que la nature soit votre guide fidèle ». Il est par essence « juste milieu » avant l'invention du mot. Il l'est autant dans son art. Ses grandes peintures du Palais-Royal restent conçues dans le style des Carrache et de Le Brun, dénuées de personnalité. Mais ses esquisses ou ses dessins, que M. Pierre Marcel a bien mis en lumière, montrent parfois une vision plus libre et plus sensuelle de la beauté féminine, et *Athalie chassée du Temple*, avec son appareil de mise en scène,

ATHALIE CHASSÉE DU TEMPLE (ANT. COYPEL).

on déploiement de figurants, offre une applica-
ion curieuse et nouvelle de l'optique du théâtre
 la peinture, ce qui est une des caractéristiques
e l'art au XVIIIe siècle.

La mort de Le Brun avait libéré les sculpteurs
ui, pendant plus de vingt ans, avaient dû pour
a plupart se borner à travailler sur ses dessins.
'eu de statues de Versailles qui ne soient « du
essein de Monsieur le Brun ». Ils ne se dégagè-
ent que lentement de son influence ou de celle
e l'antique. Pourtant on citerait l'admirable
Duchesse de Bourgogne de Coyzevox. Dans la
Diane, d'un artiste secondaire, Frémin, on signa-
erait un modelé de la poitrine et des bras, qui
ndique quelque chose comme des sensations en
ace de la nature. Il est vrai que l'œuvre date de
716. Mais on a pu constater, à la chapelle de
Versailles, certaines parties de décoration sculptu-
ale, dont la souplesse et l'élégance font songer
n peu à l'art du XVIIIe siècle[1], et il ne faut jamais
ublier, d'autre part, que la statuaire est de sa
ature plus stable et moins impressionnable aux
ariations du goût.

---

1. L. Deshairs, *Documents inédits sur la chapelle du château de
Versailles (1689-1772), Revue de Versailles et de Seine-et-Oise*, 1906,
t tir. à p., in-8°, 1906.

Peut-être y aurait-il lieu de s'attacher davantage à l'architecture. Outre qu'elle se prolonge par toutes sortes d'arts industriels, il faut bien qu'elle donne place à des considérations d'utilité et s'accommode en partie aux goûts du temps ou à ses besoins. De sorte que chez elle la théorie ne peut jamais s'abstraire complètement de la pratique, et, de fait, fort peu d'auteurs de traités d'architecture se sont bornés à la pure doctrine.

D'Aviler publia, en 1691, un *Cours d'architecture* qui eut un très grand succès, confirmé — suivant l'usage — par une contrefaçon en Hollande. L'ouvrage consistait presque exclusivement en un commentaire des doctrines et des œuvres de Vignole ; l'auteur le déclarait dans la préface : « J'ai cru qu'il serait avantageux pour les ouvriers et pour tous ceux qui les employent non seulement de le remettre (Vignole) au jour, avec une nouvelle traduction, mais encore d'y joindre, comme j'ai fait, des remarques qui puissent confirmer ses préceptes et en faciliter l'usage ». A vrai dire, il ajoutait qu'il avait inséré dans son livre « beaucoup de choses », qu'on ne pratiquait pas du temps de Vignole et qu'on avait introduites pour la commodité et la décoration des édifices. Mais, en somme, le D'Aviler de 1691 contenait exactement la doctrine architecturale classique du XVIIe siècle.

Or, une nouvelle édition en fut imprimée en 1710[1], sous la direction de l'architecte Le Blond : on ne peut plus intéressante pour nous, cette édition. Voici, par exemple, ce qu'on lit dans la préface : « Sans rien retrancher de notre auteur, il (Le Blond) s'est contenté d'ajouter, dans les endroits où il est arrivé quelques changements, de nouveaux dessins de ce qui est présentement en usage, et il les a accompagnés de plusieurs instructions et remarques nécessaires ». Le livre est bien, en effet, celui de D'Aviler, dont il suit même la pagination, mais de temps en temps s'intercalent des pages nouvelles. A propos des cheminées[2] : « Les formes qu'on donne présentement aux cheminées sont moins communes et plus gracieuses ». On les cintre, dit Le Blond, on les surmonte de grandes glaces arrondies, qu'on accompagne de girandoles. Sur les « nouveaux lambris de menuiserie » : « Le blanc est présentement la couleur dont on se sert plus commu-

1. *Cours d'architecture, qui comprend les ordres de Vignole, avec les commentaires, les figures et descriptions de ses plus beaux bâtiments et de ceux de Michel-Ange; plusieurs nouveaux dessins, ornements et préceptes, concernant la distribution, la décoration... des édifices..., par A.-C. d'Aviler..., nouvelle édition par Le Blond, 1710, in-4°.*

2. P. 171, 5°, pl. 59 *a* ou *b.*

nément pour peindre des lambris. On en dore les filets et ornements pour les distinguer du fond ».

« Les ornements qu'on y distribue à propos concourent encore à en augmenter la richesse. On affecte aussi de donner beaucoup de légèreté (c'est un mot qui revient souvent) et de variété à tout ce qui compose les lambris [1]. »

Ceci surtout est plein d'enseignements : « Comme il n'y a rien de changé dans la composition des corniches et entablements des façades extérieures, on s'est contenté de donner de nouveaux profils des corniches, comme elles s'exécutent aujourd'hui dans l'intérieur des appartements ». Voilà presque toute l'architecture du XVIIIe siècle. Aux ordres, aux proportions, aux dispositions et décorations extérieures classiques, les architectes ne renonçaient pas en 1710, et ils n'y renoncèrent jamais, du moins dans les édifices publics [2]; c'est dans l'intérieur qu'ils donnaient carrière à leur esprit d'invention et qu'ils commençaient à créer, puis bientôt qu'ils créèrent un style. La comparaison des planches de D'Aviler et des nouvelles planches de Le Blond est décisive. Elle concorde d'ailleurs avec les

---

1. P. 340. 2°, pl. 99 *b*.
2. Cela est si vrai que même le D'Aviler de 1750 reproduit encore les planches de la première édition relatives aux ordres.

œuvres du temps, à Versailles ou dans certains hôtels particuliers.

Nous ne pouvons qu'effleurer ici la littérature. Du moins faut-il y signaler aussi des symptômes d'esprit nouveau : comédies de Regnard (*Le Joueur* de 1697, *Le Légataire universel* de 1708) ou de Dancourt, comédies ou romans de Lesage (*Turcaret* de 1709, *Le Diable boiteux* de 1710, *Gil Blas*, commençant en 1715); cela est loin du « grand siècle », et l'on ne s'étonne pas que Boileau ait protesté, dit-on, contre le succès du *Diable boiteux*. Mais les dernières tragédies de Racine, l'*Esther*, si galante, si langoureuse, l'*Athalie*, avec le pittoresque et le mouvement de la mise en scène, contiennent déjà tant « de XVIIIe siècle » qu'elles inspireront presque tous les artistes, pendant plus de cinquante ans, et qu'elles se prêteront particulièrement — fait significatif — à l'interprétation si fantaisiste de l'art de la tapisserie.

C'est surtout chez Fénelon, chez l'impressionnable Fénelon, qu'on retrouve quelque chose des sensations qu'éprouvaient confusément les contemporains.

On ne saurait trop dire combien le *Télémaque*, publié en 1699, au moment même où le XVIIe siècle se mourait, appartient à l'esprit du XVIIIe. Laissons de côté les vagues utopies sociales ou politiques, même les peintures très profanes d'amour, dans ce roman si peu chrétien, si peu grec aussi et si peu homérique; c'est une certaine façon de concevoir, une vision plastique, pittoresque ou coloriste, que nous y cherchons. Or, on observera combien les divinités les plus graves de l'Olympe y prennent un air de galanterie, de grâce alanguie et fluide. Lorsque Minerve, rejetant le masque de Mentor, apparaît à Télémaque sous sa forme divine : « Il reconnaît un visage de femme avec un teint plus uni qu'une fleur tendre et nouvellement éclose au soleil, on y voit la blancheur des lis mêlée de roses naissantes. Sur ce visage fleurit une éternelle jeunesse avec une majesté simple et négligée; une odeur d'ambroisie se répand de ses cheveux flottants; ses habits éclatent comme les vives couleurs dont le soleil, en se levant, peint les sombres voûtes du ciel et les nuages qu'il vient dorer. Cette divinité ne touche point du pied à terre, elle coule légèrement dans l'air comme un oiseau le fend de ses ailes. »

L'auteur a beau nous parler de « la puissante main qui tient la lance », il ne nous montre, malgré la lance, le casque et l'égide, qu'une divinité séduisante par le je ne sais quoi d'abandonné, de « tendre », de « flottant ».

Voici maintenant le pittoresque de la couleur :
« Pendant qu'Hazraël et Mentor parlaient, nous aperçûmes des dauphins couverts d'une écaille qui paraissait d'or et d'azur. En se jouant, ils soulevaient les flots avec beaucoup d'écume... Ils environnaient le char d'Amphitrite, traîné par des chevaux marins plus blancs que la neige... Le char de la déesse était une conque d'une merveilleuse figure, elle était d'une blancheur plus éclatante que l'ivoire et les roues étaient d'or. Ce char semblait voler sur la surface des eaux paisibles. Une troupe de nymphes couronnées de fleurs nageaient en foule derrière le char; leurs beaux cheveux pendaient sur leurs épaules et flottaient au gré du vent. La déesse tenait d'une main un sceptre d'or pour commander aux vagues, de l'autre elle portait sur ses genoux le petit dieu Palémon, son fils, pendant à la mamelle... Les tritons conduisaient les chevaux et tenaient les rênes dorées. Une grande voile de pourpre flottait dans l'air au-dessus du char; elle était à demi enflée par le souffle d'une multitude de petits zéphyrs qui s'efforçaient de la pousser par leurs haleines. »

A coup sûr, ce thème se rencontre déjà dans la *Galatée* de Raphaël, dans la *Naissance de Vénus* de Poussin. Mais combien ici l'accent est différent! Cette pourpre, cet or, cette voile qui flotte, ces cheveux épandus sur des épaules féminines, cet azur, ce blanc (il ne manque guère que le rose), c'est la *Naissance de Vénus* par de Troy, c'est tout le Boucher mythologique; plus près même de Fénelon et directement inspirée par lui, dirait-on, c'est une *Vénus sur les eaux* de Coypel[1].

Perrault achevait précisément, en 1701, un grand ouvrage, auquel il donna pour titre : *Les Hommes illustres qui ont paru en France pendant ce siècle*, et qu'il consacrait à la gloire de Louis XIV. Mais le vers qu'il inscrivait au bas du portrait du roi placé en frontispice :

Le ciel en sa faveur forma tant de grands hommes,

n'indiquait-il pas que ces grands hommes appartenaient déjà au passé? Et Perrault en écrivant, quelques années avant, le *Parallèle des anciens et des modernes*, tout à l'avantage des modernes, n'avait-il pas porté un coup décisif au classicisme, la grande source d'inspiration de la littérature et de l'art au XVIIᵉ siècle?

Le sentiment que quelque chose se terminait avec le siècle se retrouvait d'ailleurs partout. Le

1. Citée par Pierre Marcel, p. 122.

directeur de l'Académie française, M. de La Chapelle, recevant M. de Valincour qui succédait à
Racine, parlait « d'un point d'excellence qui ne
s'avance ni ne s'étend jamais... Ce même ordre
immuable (des choses) détermine un certain
nombre d'hommes illustres, qui naissent, fleu-
rissent, se trouvent ensemble dans le court espace
de temps où ils sont séparés du reste des hommes
communs, que les autres âges produisent, et
comme enfermés dans un cercle, hors duquel il
n'y a rien qui ne tienne ou de l'imperfection de
ce qui commence ou de la corruption de ce qui
finit. » Voltaire a dit la même chose, beaucoup
mieux, mais plus tard.

C'est la vérité. Des idées usées, épuisées par
la vigueur même de la production, une génération finie, une autre qui paraît ; par suite, les
nouveautés devenant nécessaires, cherchées,
entrevues, ébauchées, voilà le spectacle des choses
dans les dernières années de Louis XIV. Il se
retrouve à toutes les phases de l'art et il les
explique. Ce qu'il eut peut-être de particulier, à
l'époque étudiée par M. Pierre Marcel, c'est qu'il
semblait inattendu, alors que la doctrine classique
restait si imposante qu'on pouvait la croire irréductible. C'est aussi que les nouveautés se produisirent par une sorte de réaction instinctive,

sans appareil de théories, de pédagogie solennelle, autant par lassitude, dirait-on volontiers,
que par effort. Ces différentes raisons expliquent
que les artistes de ce temps (sauf toujours Watteau) n'aient pas créé un art; elles font comprendre pourtant comment ils ont préparé celui
du XVIIIe siècle.

A PROPOS DES « *PASTORALES* »
DE BOUCHER

I

Que n'a-t-on pas dit des *Pastorales* de Boucher, depuis Diderot? Nature faussée, bergers et bergères d'opéra-comique, sentiments de convention, galanterie fade, voilà les moindres reproches adressés à l'artiste et à ses tableaux prétendus champêtres. Critiques justifiées en partie; mais Boucher est-il si coupable ou seul coupable? Peut-on même affirmer que la création du genre et, qui plus est, du style, lui appartient? Il serait assez curieux qu'il en portât la responsabilité sans en avoir presque le mérite.

Si la Pastorale est l'Idylle dépouillée de sa simplicité, de sa naïveté, de l'idéal de candeur et d'innocence cherché dans le calme de la vie champêtre, si c'est l'idylle devenue galante, mondaine et romanesque, elle est née avec les Italiens du XVIe siècle, avec l'*Arcadia* de Sannazar, et surtout avec l'*Aminta* du Tasse et le *Pastor fido* de Guarini, où elle se présente sous la forme dramatique. On appliquerait bien à ces œuvres la définition donnée plus tard par le dictionnaire de Moreri :

« *Pastorale*, poème où l'on représentait des bergers, des pasteurs, des chasseurs, des laboureurs, des satyres, des nymphes, et enfin toutes sortes de personnages champêtres. On n'y entendait que plaintes d'amants, que cruautés de bergères, que disputes pour l'excellence du chant, qu'embûches de satyres, que ravissements de nymphes et autres aventures semblables [1]. »

C'étaient en effet des espèces de petits drames, où se mêlaient assez étrangement le réalisme de la vie champêtre, la galanterie amoureuse et les souvenirs de l'antiquité idyllique, telle qu'elle apparaît dans Théocrite et dans Virgile.

L'amour y tenait une grande place, un amour à la fois sensuel et raffiné ; avec l'amour le goût pour la nature, à condition qu'elle fût parée de grâces mondaines, et pour la vie champêtre, à

---

1. Moreri, au mot *Pastorale*, Dictionnaire, éd. de 1759. Sur la Pastorale et ses origines, voir Marsan, *La Pastorale dramatique*, 1905.

condition qu'elle fût libérée de toutes ses vul-
garités.

C'est ainsi que l'*Astrée* présenta la pastorale
aux esprits du XVIIe siècle, ainsi qu'ils la compri-
rent et l'aimèrent. Elle fut, pour la société, une
distraction et une diversion ; elle lui donna l'illu-
sion d'une existence toute de calme et de douceur.
Bien des gens disaient avec Racan : « Tircis (et
c'est justement un nom de berger), il faut songer
à faire la retraite ». On la faisait tantôt et alter-
nativement au couvent ou aux champs. On se
bornait d'ailleurs à y passer.

C'était si bien une mode qu'elle devint prétexte
à des amusements mondains. La grande Mademoiselle voulait « qu'on allât garder les moutons
dans nos belles prairies, qu'on eût des houlettes
et des capelines... qu'on imitât ce qu'on avait lu
dans l'*Astrée*... qu'on tirât (c'est l'ancien mot
pour traire) les vaches ». Des Yveteaux, dans son
hôtel, se plaisait, paraît-il, à s'habiller en berger,
un chapeau de paille doublé de satin rose sur la
tête[1].

On sait combien sont nombreux, au XVIIe siècle,
les portraits d'hommes et de femmes en Tircis,
en Cloris, en Amarante. Encore au XVIIIe siècle, et

---

1. Vigneul de Marville, cité par Arnoud, *Racan*, p. 204.

c'est à la veille de Boucher, un président du Parlement d'Aix, M. de Gueydan, se faisait peindre en berger galant vêtu de satin, jouant de la cornemuse, et sa femme en bergère. Aussi est-il acceptable qu'on ait cru voir Mme Des Houlières (Cherchez qui vous mène, mes chères brebis), dans un portrait de femme habillée à la mode du temps, mais gardant des moutons, la houlette à la main.

Est-ce du XVIIe siècle ou du XVIIIe cette paysannerie de fantaisie?

> Comme eux (les bergers de l'*Astrée*), tantôt on nous voit
> Marquer nos pas au son de la musette,   [sur l'herbette
>   Cueillir et présenter des fleurs,
>   En y mêlant quelques douceurs.
>   Tantôt, aux bords de nos fontaines,
> Nous chantons de l'amour les plaisirs et les peines.
> . . . .
> Parfois à sa bergère on donne sérénade,
>   Avec elle on fait mascarade;
>   On danse même des ballets,
> On fait des vers galants, on en fait des follets.

Le poète ajoute, et ceci donne bien la note du genre où jamais ne se mêle la réalité :

> Nous vous dirons aussi que nos brillants guérets
>   Et nos sombres forêts
> Nous fournissent parfois de quoi faire grand chère,
>   Mais cela paraîtrait vulgaire,
>   Et l'on dirait qu'en discours de berger
> On ne parle jamais de boire et de manger [1].

1. La Fontaine, *Vers pour des bergers et des bergères dans une fête à Troyes en 1678.*

Lorsque Boileau, qui légiférait pour tout le monde, écrivait :

> Telle qu'une bergère, au plus beau jour de fête,
> De superbes rubis ne charge point sa tête,
> Et, sans mêler à l'or l'éclat des diamants,
> Cueille en un champ voisin ses plus beaux ornements ;
> Telle, aimable en son air, mais humble dans son style,
> Doit éclater sans pompe une élégante idylle,

et lorsqu'il se moquait en même temps des poètes « qui font parler Tircis comme on parle au village », il ne fixait pas, comme il le croyait peut-être, les règles de l'idylle antique, mais tout simplement celles de la pastorale moderne.

La littérature et surtout le théâtre furent en harmonie avec les goûts, ou, aussi justement, les goûts en rapport avec la littérature. Le ballet et plus tard l'opéra, pour lesquels on se passionna sous Louis XIV, ne sont guère que des pastorales. Molière en a écrit presque autant que de comédies : *Mélicerte*, *La Princesse d'Élide*, *Les Amants magnifiques*, auxquelles il faut joindre les innombrables intermèdes mêlés de danses et de chants, qu'il introduisit partout, jusque dans *George Dandin*, où on ne s'y attendait guère, et auxquels ses contemporains prenaient un si vif plaisir.

Le ton de ces intermèdes est exactement celui de l'art de Boucher. Dans le ballet du troisième acte de *George Dandin*, on voit, au milieu de « roches entremêlées d'arbres, des bergers et bergères jouant des instruments »; ils s'appellent Tircis, Cloris. Et un berger chante :

> Ici l'ombre des ormeaux
> Donne un teint frais aux herbettes,
> Et les bords de ces ruisseaux
> Brillent de mille fleurettes,
> Qui se mirent dans les eaux.
>
> Prenez, bergers, vos musettes,
> Ajustez vos chalumeaux,
> Et mêlons nos chansonnettes
> Aux chants des petits oiseaux.

Et plus loin :

> Ah! qu'il est doux, belle Sylvie,
> Ah! qu'il est doux de s'enflammer!
> Il faut retrancher de la vie
> Ce qu'on en passe sans aimer [1].

Des vers tels que ceux-ci ne seraient-ils pas inscrits fort bien au-dessous d'une Pastorale de Boucher, à la façon des légendes qu'on aimait tant au XVIII⁰ siècle?

> J'ai fait tantôt, charmante Mélicerte,
> Un petit prisonnier que je garde pour vous,
> Et dont peut-être un jour je deviendrai jaloux :
> C'est un jeune moineau, qu'avec un soin extrême
> Je veux, pour vous l'offrir, apprivoiser moi-même.

Voici en effet un Boucher du Louvre, d'après la description sommaire du catalogue de Villot :

1. Molière, t. VI, p. 608-609.

Phot. Hachette et Cie.

UNE PASTORALE DE BOUCHER.

« A droite, au bord d'une rivière et près d'une fontaine, un jeune berger donne à deux jeunes bergères un nid d'oiseaux [1] ».

Lorsque, dans *Le Bourgeois gentilhomme*, le maître de musique chante :

Vois, ma Climène,
Vois, sous ce chêne,
S'entrebaiser ces oiseaux amoureux ;
Ils n'ont rien dans leurs vœux
Qui les gêne ;
De leurs doux feux
Leur âme est pleine.
Nous pouvons si tu veux
Etre comme eux [2].

« Pourquoi toujours des bergers ! lui répond M. Jourdain, on ne voit que cela partout. »

Il a raison ; on en voyait même à Versailles, surtout à Versailles, dans les fêtes de cour. Ils paraissent, à côté des héros du Tasse ou de l'Arioste, dans la fête de 1668, comme dans *Les Plaisirs de l'île enchantée* en 1664, et ce sont les acteurs ou les actrices les plus belles et les plus splendides de la troupe de Molière qui tiennent les rôles. On lit en tête du Ballet : Bergers dansant déguisés en valets de fête, les sieurs Bauchamp, Saint-André ; Climène, Mlle Hilaire, Cloris, Mme des Fronteaux.

---

1. *Mélicerte*, acte II, sc. III.
2. *Le Bourgeois Gentilhomme*, cinquième entrée du « Ballet des Nations ».

Bien plus, le costume dit de Boucher, le costume d'opéra-comique, était déjà dessiné de toutes pièces dès le commencement du XVIIe siècle. Dans la Pastorale de *Sylvie* représentée en 1627, « les acteurs étaient habillés à la forme des pasteurs d'Arcadie, tout de satin de diverses couleurs enrichi de clincamp, la panetière de clincamp, les botines de la couleur de leurs habits, semées de roses de clincamp, leurs chapeaux de même, et la houlette argentée en la main; les habits forts éclatants, riches et bien faits ».

Suivent des indications tout à fait précieuses de mise en scène :

« Arimène sera habillée de satin orangé. Cloridan habillé de satin blanc, Clorice bergère, de satin vert. Floridor habillé à la françoise, de satin cramoisi, la cape de même, doublée de clincamp, l'épée dorée, et le fourreau de velours cramoisi, Orithie, nymphe, de jaune doré, avec une coiffure pointue, à la mode des nymphes[1]. »

Charles Sorel, lui aussi, dans le *Berger extravagant*, semble décrire à l'avance un berger d'opéra-comique. « Son habit estoit si leste... que l'on voyait bien que c'estoit là un berger de

---

1. Marsan, *La Pastorale*, p. 447.

réputation. Il avait un chapeau de paille dont le bord estoit retroussé, une roupille et un hault-de-chausse de tabis blanc, un bas de soye gris perle et des souliers blancs avec des nœuds de taffetas vert... il tenoit une houlette aussi bien peinte que le baston d'un maistre des cérémonies[1]. »

II

Quelle est donc la part de Boucher? D'abord il a introduit dans la peinture un genre que personne avant lui n'avait essayé — à peine Watteau, peintre des fêtes galantes bien plus que des pastorales. — Watteau a quelquefois transformé les belles amoureuses en bergères, et non pas des bergères en élégantes.

Puis, comme Boucher, sans avoir du génie, portait en lui quelque chose de génial, il a pénétré la Pastorale de sa personnalité et aussi de celle de son temps. Il y a mis un air encore plus galant, une pointe de sensualité, comme il convenait à un homme du xviiie siècle. On ne le comprend guère sans l'opéra-comique, héritier lui aussi de la Pastorale du xviie siècle, ni l'opéra-comique sans Boucher.

1. Cité par Marsan, *La Pastorale*, p. 448.

Des *Annette et Lubin*, des *Fanchette*, des *Chercheuse d'esprit*, des *Rose et Colas*, ou des bergères de Boucher, qui des unes doit aux autres? Il n'importe; c'est une inspiration commune qui les anime.

Prenons par exemple un Favart (à moins que ce ne soit un Boucher). Une bergère :

> Sa taille est ravissante,
> Et l'on peut déjà voir
> Une taille naissante
> Repousser le mouchoir.
> Ses timides prunelles,
> Se glissant de côté,
> Lancent des étincelles
> De douce volupté.
> Doucement tourmentée
> De ses quinze ou seize ans,
> Tendrement agitée
> De ses désirs naissants;
> Ne pensant point encore,
> Mais cherchant à penser,
> D'un désir qu'elle ignore
> Elle se sent presser. [1]

Et voici tout à fait une scène de Pastorale.

L'ÉVEILLÉ.

> Me promenant à l'écart,
> Un jour au fond d'un bocage,
> Je t'avisis par hasard,
> A l'abri d'un épais feuillage.
> Tu dormais paisiblement.

---

1. Favart, *Isabelle et Gertrude*, 1765 (théâtre de l'Opéra-Comique, t. II, p. 78-79). Quand Diderot dit, à propos des Pastorales de Boucher : « La grâce de ses bergères est la grâce de la Favart dans *Rose et Colas* », il a raison, mais il ne voit pas pourquoi (Salon de 1765, Boucher).

FINETTE.

Ou vraiment j'en faisais semblant.

L'ÉVEILLÉ.

Que ton air était charmant !
J'admire d'une cachette,
J'approche enfin doucement
Et je baise ta main blanchette.
Tu t'éveilles en te fâchant.

FINETTE.

Ou vraiment j'en faisais semblant [1].

Il arrive parfois qu'on ne sait trop qui a l'avantage, du théâtre ou de la peinture, surtout si l'on ajoute aux vers du poète le charme de la musique et le prestige de la scène, comme dans ce petit duo d'amoureux :

LE RÉGISSEUR.

De sa douce paupière
Un regard échappé
Est un trait de lumière
Dont le cœur est frappé....

COLIN.

La rosée est moins fraîche,
Un beau jour moins serein.

LE RÉGISSEUR.

C'est la fleur de la pêche
Qui colore son teint [2].

. . . .

1. (Favart, *La Chercheuse d'esprit*). Cf. au Louvre Boucher : Une bergère, couchée par terre, s'est endormie à l'ombre d'un bouquet d'arbres ; à gauche, près d'elle, un jeune berger, la houlette à la main, la regarde.

2. *La Rosière de Salenci*, acte II, sc. III. Dans Font, *Essai sur Favart*, p. 311-312.

LE RÉGISSEUR.

Sa bouche demi-close
A le rire enfantin ;
On croit voir dans la rose
Les perles du matin.

Et ils reprennent en refrain :

Comment ne pas l'aimer ?

A bien y penser, ne manquerait-il pas quelque chose à la grâce délicate et raffinée du XVIIIe siècle, si le peintre n'avait fait vivre à nos yeux ces figures de bergères innocentes et voluptueuses, ces enfants ingénus, dont on se demande si ce sont des bergers ou des amours, s'il n'avait créé ces paysages de rêve baignés d'une atmosphère vaporeuse? Factice tout cela, oui sans doute, mais il faut en trouver le charme, sinon dans la vérité, au moins dans l'harmonie délicate où se fondent le paysage, les personnages et les sentiments [1].

Était-ce un art complet, un art durable? A coup sûr non; c'était une des expressions d'une époque

---

1. Diderot, plus déclamatoire encore qu'à l'ordinaire lorsqu'il parle de Boucher, a des réflexions bien singulières : « Dans la multitude d'hommes qu'il a peinte, je défie qu'on en trouve quatre de caractère propre au bas-relief, encore moins à la statue. » Et que dire de ceci : « Dans cette innombrable multitude d'enfants, vous n'en trouverez pas un à employer aux actions de la vie, à étudier sa leçon, à lire, à écrire, à tailler du chanvre. » (Salon de 1765.) C'est de l'esthétique de maître d'école.

qui ne cherchait dans la vie que la douceur de vivre, et d'une société qui mettait son idéal dans la douce volupté, comme disait déjà La Fontaine.

III

Cependant, vers le milieu du siècle, on sentit comme un air plus frais et plus pur qui revivifiait les âmes. On revint à la nature et on essaya de revenir à la naïveté, même à la vertu. La littérature étrangère, avant Rousseau, exprima ces sentiments nouveaux, ou renouvelés [1].

« Il m'arrive quelquefois, écrivait Gessner, de m'arracher à la ville et de chercher un asile dans des campagnes solitaires. Là, le spectacle des beautés de la nature écarte de mon âme tous les dégoûts, toutes les douloureuses impressions que j'y avais apportées. Pénétré de mille sentiments délicieux, je suis aussi heureux qu'un berger de l'âge d'or [2].

« La Pastorale peuple ces campagnes d'habitants dignes d'un pareil séjour; elle peint la vie de ces hommes heureux et la simplicité naïve de leurs mœurs. Leur esprit et leur cœur, inaccessibles à

---

1. Les *Idylles* de Gessner furent publiées entre 1758 et 1762. Leur composition est antérieure à ces dates.
2. Gessner, t. I. Préface, p. 31-33 (un peu abrégé).

la corruption, conservent toute leur droiture primitive. Ils reçoivent leur bonheur des mains de cette mère bienfaisante, et ils habitent un séjour où elle n'a pas besoin d'être forcée pour fournir à leurs besoins innocents. »

Ailleurs, il expose son idéal de vie, qui a été celui de tant de rêveurs, depuis Horace et depuis Rousseau : la petite demeure du sage.

« Des noyers cintrés en berceau couvriraient de leur ombrage ma maison solitaire... Devant l'entrée, dans une petite enceinte fermée par une haie vive, une source limpide murmurerait sous un treillage de pampre. Dans le courant de cette onde pure, la cane se jouerait avec ses petits... Un mur de noisetiers fermerait ce jardin : à chacun des coins, il y aurait une tonnelle de vigne sauvage[1]. »

Gessner était digne d'écrire de telles pages, lui qui passa la meilleure partie de sa vie au milieu des pâtres des montagnes, dans la solitude alpestre du Klönthal, auprès d'un petit lac mélancolique où se reflète l'imposant Glärnisch. Lorsqu'il essaya d'interpréter ses sentiments par la poésie ou par l'art (car il fut peintre et graveur aussi bien qu'écrivain), il chercha ses inspirations

1. Gessner, t. I, p. 184.

dans l'antiquité, en même temps que dans la nature, suivant en cela l'esprit de son siècle. Il leur dut parfois — mais parfois seulement — d'heureuses œuvres, que je commenterais volontiers à l'aide d'un passage de Fénelon qui, lui aussi et bien avant, avait entrepris de se refaire une âme antique et de recréer l'idylle en plein siècle de pastorale.

« Un jour, le jeune Bacchus, que Silène instruisait, cherchait les muses dans un bocage dont le silence n'était troublé que par le bruit des fontaines et par le chant des oiseaux. Le soleil n'en pouvait, avec ses rayons, percer la sombre verdure. L'enfant de Sémélé, pour étudier la langue des dieux, s'assit dans un coin, au pied d'un vieux chêne, du tronc duquel plusieurs hommes de l'âge d'or étaient nés.... Auprès de ce chêne sacré et antique se cachait un jeune faune, qui prêtait l'oreille aux vers que chantait l'enfant.... »

Par là nous revenons à l'idylle antique, à l'idylle éternelle.

Mais ici le maître, pour ne parler que des artistes, reste toujours Poussin, dans quelques-uns de ses tableaux où l'amour de la nature

---

1. Fénelon, *Fables*, XXI.

tantôt agreste, tantôt riante, s'unit si intimement au sentiment de la poésie grecque et latine ou bien encore à une vision intense et profonde de la vie légendaire des premiers âges de l'humanité. C'est dans l'*Enfance de Bacchus*[1] dans la *Nymphe portée par un Satyre*[2], dans les *Bergers d'Arcadie*[3], que respire l'âme de l'idylle, celle qui avait inspiré Théocrite et Virgile. Elle en a quelquefois inspiré d'autres parmi les modernes, et je trouve précisément chez le poète espagnol Garcilaso de la Vega quelques vers exquis, où l'on verrait comme l'épilogue des *Bergers d'Arcadie*, si l'on ose supposer qu'on pourrait les suivre au delà de l'instant à jamais fixé par l'artiste.

« En voyant les nuages de feu, que le soleil couchant bordait d'une ligne d'or, ils s'aperçurent que le jour touchait à sa fin. Rapide, l'ombre courait déjà sur les hautes montagnes. Tous deux alors, comme s'ils revenaient d'un songe, tandis que le soleil fuyant ne donnait plus qu'une faible lumière, rassemblèrent leurs troupeaux et revinrent pas à pas[4].... »

Il faut l'avouer, comparées à ces sentiments si profonds dans leur sincérité ou à cet élan vers

1. A Chantilly (musée Condé).
2. Musée de Cassel.
3. Louvre.
4. Marsan, *La Pastorale*, p. 105.

UNE IDYLLE DE GESSNER.

un idéal si pur, les *Pastorales* de Boucher ne semblent plus être que les jeux d'une imagination froide ou l'expression d'un art dont l'élégance raffinée dissimulerait mal la sécheresse.

Pourtant, si l'on songe à la peinture académique du temps et à tant d'œuvres d'une inspiration sensuelle, quelquefois érotique, on reconnaîtra que, même chez Boucher, la Pastorale, malgré tout ce qu'elle offrait de factice, venait du moins d'une inspiration plus saine ou plus délicate. Par elle se conserva, dans l'art du XVIIIe siècle, un peu, si peu que ce soit, d'idéal pittoresque et d'ingénuité.

N'en déplaise à Diderot, singulier prêcheur pour accuser Boucher de dépravation, les *Pastorales* de l'artiste sont infiniment moins loin de Poussin, de Gessner ou de Greuze que *Jacques le Fataliste*.

LES PEINTRES VINCENT ET SUVÉE [1]

A la fin du XVIIIe siècle, où parut une génération nouvelle, peu d'artistes eurent des débuts
plus éclatants que Vincent et qui promissent
davantage un grand peintre. Lorsqu'on vit de lui,
au Salon de 1777, *Bélisaire réduit à la mendicité*,
Saint Jérôme dans le désert, *Les Pèlerins d'Emmaüs*, ce fut un concert d'éloges. « Voilà un
Saint Jérôme dont l'auteur ira loin », écrivait un
critique. Au Salon de 1779, *Le Président Molé
résistant aux factieux* excita encore plus d'enthousiasme : « M. Vincent a dans l'âme cette chaleur
qui fait les grands peintres.... Nous devons arracher à l'Italie un sceptre que Le Brun, Le Sueur
et surtout Le Poussin lui ont déjà si courageuse-

1. Extrait de la *Gazette des Beaux-Arts*, 1905.

ment disputé. » A ce moment, on le voit, il n'était pas encore question de David, pour enlever à l'Italie « le sceptre de la peinture », et c'est sur Vincent que reposait l'espoir de l'école française.

François-André Vincent, né en 1746[1], était fils d'un miniaturiste génevois établi à Paris : François-Élie Vincent. Il avait d'abord été destiné au commerce, mais, après quelques hésitations, il fut autorisé par son père à étudier la peinture et, comme dit son biographe de 1806, « il abandonna Plutus pour Minerve » ou mieux, pour Apollon. Il prit des leçons de Roslin et de Vien et, en 1768, obtint le grand prix sur le sujet de *Germanicus apaisant une sédition*[2]. Diderot raconte qu'il fut porté en triomphe par ses camarades. Il avait à peine vingt-deux ans. Après avoir passé par l'École royale des élèves protégés, comme c'était l'usage, il reçut, le 24 juillet 1771, le brevet d'élève pensionnaire de l'Académie de France à Rome, où il arriva en octobre de la même année[3].

Le directeur de l'Académie était, depuis long-temps, Charles Natoire, très dévot et assez tracassier, a-t-on dit. Or, Vincent professait, comme

1. Cette date est plus probable que celle de 1748, qu'on a quelquefois indiquée.

2. A l'École des Beaux-Arts.

3. Il y alla par mer. Le catalogue de la collection Goncourt signalait une tête d'homme, avec ces mots : « Vincent f. en pleine mer, octobre 1771 » (Cat. des dessins, n° 333).

son père, la religion réformée et, bien que sa qualité de protestant n'eut pas empêché l'Académie de lui décerner le prix ni le roi de lui accorder le brevet, elle pouvait susciter, à Rome, des tiraillements. « Le sieur Vincent, nouveau pensionnaire, écrivait Natoire[1], m'a fait connaître que, n'étant pas né dans la religion catholique, il ne pourrait se soumettre aux devoirs qu'elle exige.... Le manger dans le temps du carême fera quelques difficultés, mais pour aplanir tout embarras, je le mettray au nombre des infirmes. » Marigny approuvait, en faisant recommander à Vincent « la plus grande circonspection dans ses discours et son extérieur ».

Il n'y avait pas à craindre de scandale avec Vincent. Différant en cela de la plupart de ses camarades, il était essentiellement circonspect et mesuré. « Tous ceux qui ont connu M. Vincent, écrira plus tard Quatremère de Quincy, savent qu'il était particulièrement modéré et éloigné de tous excès. » Son portrait, fait par Mme Labille-Guiard en 1782, donne bien l'idée d'un homme aimable, mondain. La physionomie est fine, la bouche et les yeux spirituels; la perruque soigneusement bouclée, la cravate bien nouée, le jabot de dentelle sur un habit de velours, tout

1. *Correspondance des directeurs de l'Académie de France à Rome,* t. XII, p. 355, 358.

dénote des habitudes et des recherches d'élégance. Dans un temps où l'on aimait la conversation, Vincent avait la réputation d'un causeur agréable, avant de devenir, vers la fin de sa vie, intarissable. « Tous ceux qui l'ont connu, écrira encore Quatremère de Quincy, savent qu'il était inépuisable, lorsqu'il parlait de son art, et que son abondance semblait quelquefois ne pas pouvoir trouver de bornes. »

On a peu de détails sur la vie de Vincent à Rome, où il resta jusqu'en 1775. Dans la correspondance de Natoire avec Marigny, on ne trouve qu'un mot sur lui : « J'ay veu dernièrement quelques morceaux du sieur Vincent, lesquels promettent bonne réussite. Ce jeune homme n'a pas une bonne santé et sa vue n'est pas des meillieure (*sic*). » C'est plutôt sec, mais dans le ton habituel à Natoire, et d'ailleurs il faut remarquer, une fois pour toutes, combien les lettres de la plupart des directeurs de l'Académie sont dénuées des renseignements qui nous intéresseraient le plus, c'est-à-dire sur le travail des élèves. Des comptes financiers toujours très embarrassés, et où Natoire s'égara[1], des demandes d'argent, des nouvelles politiques ou prétendues telles, des commissions

---

1. Pendant plusieurs années, il se trompa sur la valeur exacte du change à Rome ; à vrai dire, c'était inextricable.

reçues de France et exécutées, des expressions répétées de dévouement à l'égard des surintendants, voilà trop souvent le bilan de cette volumineuse correspondance.

Mais nous savons quelque chose de Vincent par les œuvres qu'il fit à Rome et qui sont parmi ses plus originales et ses plus libres. Il eut vraiment son genre à lui, en s'amusant à dessiner en charge ses camarades[1]. Il avait un crayon alerte et souple — on parlera plus tard de « sa fierté de dessin », ce qui sera d'ailleurs exagéré; — il voyait juste, avec un sens assez aiguisé de l'individualité de chaque personnage, dont il dégageait assez vite le trait vulgaire ou ridicule. Il croqua ainsi Suvée, Renard, Lemonnier, Ségla; Boquet, négligé, presque sordide dans sa laideur; Peyron, gros et court, bedonnant, la culotte à peine attachée; César Vanloo, épais et trapu; Delaistre, les épaules grêles, le dos voûté, les jambes en fuseau; Jombert, coiffé d'un légendaire bonnet de coton[2]. On a là mieux que des physionomies

---

1. Cf. *Gazette des Beaux-Arts*, août 1903. — Les dessins dont la provenance n'est pas indiquée, appartiennent à l'auteur de l'article. La plupart des originaux sont au musée Adger à Montpellier. Voir Arnauldet, *Estampes satiriques, bouffonnes ou singulières, relatives à l'art et aux artistes français pendant les XVIIe et XVIIIe siècles* (*Gazette des Beaux-Arts*, 1re période, t. III, p. 342 et suiv.).

2. Jombert en avait, paraît-il, l'habitude. Vincent l'a repré-

personnelles, presque la physionomie de toute une génération d'élèves, alors qu'ils gardaient encore des habitudes de sans-gêne, des allures un peu tapageuses, qui rendaient difficile pour les directeurs le maniement de ces esprits restés très jeunes.

Vincent dessina aussi, au cours de ses promenades ou de ses excursions, des scènes de mœurs : hommes et femmes du peuple, muletiers, auberges de campagne. On a également de lui quelques portraits de personnages de la société romaine, par exemple, le signor Garbi, un gentilhomme attaché à la clientèle du cardinal Albani, et sa femme. C'est aussi à Rome, en 1774, qu'il peignit le financier Bergeret, presque célèbre par ses relations avec les artistes et par ses démêlés avec Fragonard [1]. Bergeret goûtait « M. Vincent, qui a un talent particulier ». « Tantôt, écrit-il, c'est un joli dessin, une galanterie, que me font quelques artistes de l'Académie; tantôt ma chienne blanche, Diane, levrette délicieusement peinte par M. Vincent, qui m'en a fait l'agréable surprise [2]. » Voici, enfin, la mention du portrait : « On a entre-

senté en bonnet de coton, et jouant du violon, dans un autre dessin (Catalogue Goncourt, n° 337).

1. Cf. Baron Portalis, *Honoré Fragonard, sa vie et son œuvre*.

2. A. Tornézy, *Bergeret et Fragonard, journal inédit d'un voyage en Italie (1773-74)*, 1895, p. 240, 245.

PORTRAIT-CHARGE DE SUVÉE, PAR VINCENT.

PLANCHE XIII.   Page 236.

pris de me peindre et j'ai été modèle toute la
journée, dit Bergeret. Nous en verrons la réussite
à Paris. » En effet, l'esquisse, car ce n'était
qu'une esquisse, fut exposée en 1777, avec le
portrait de la levrette Diane. Bergeret est représenté debout, dans une chambre à la romaine, en
déshabillé blanc du matin, le cou très découvert,
la tête coiffée d'un foulard. Il s'appuie d'une main
sur une base antique, supportant un buste, des
livres, des estampes. L'œuvre a tout le charme
de l'improvisation[1].

Lorsqu'il revint à Paris, à la fin de 1775 ou au
commencement de 1776, Vincent rapportait un
assez gros bagage, car il put présenter plus de
dix toiles au Salon de 1777. C'étaient, outre le
Saint Jérôme, le *Bélisaire réduit à la mendicité*,
les *Pèlerins d'Emmaüs*, le *Bergeret* et la *Levrette*
dont nous avons déjà parlé, *Alcibiade recevant
des leçons de Socrate*, une *Figure en pied, Costume
napolitain, Un nain*, les portraits du peintre *Ber-
thélemy*, de l'architecte *Rousseau, Un jeune homme
donnant une leçon de dessin à une demoiselle*,

Cette demoiselle, qui reçoit une leçon de
dessin, fait penser à Adélaïde Labille-Guiard[2],

---

1. Musée de Besançon.
2. Baron R. Portalis, *Adélaïde Labille-Guiard* (*Gazette des Beaux-
Arts*, 1901 et 1902, et tirage à part).

qui fut l'élève de Vincent. Elle avait déjà exposé au Salon de l'Académie de Saint-Luc et annonçait du talent. Agée, en 1777, de vingt-huit à vingt-neuf ans, elle était, depuis 1769, la femme de Guiard, mais ne vivait plus avec lui. Le maître et l'élève, qui se connaissaient depuis longtemps, s'aimèrent et contractèrent une union, que la loi sur le divorce leur permit de régulariser en 1793. Les petits salonniers du temps y firent plus d'une fois allusion en termes fort satiriques et méchants. On se plaisait à prétendre que les tableaux de Mme Guiard étaient de son maître.

Le grand succès de Vincent au Salon de 1777 le désignait « aux faveurs de l'administration ». M. d'Angiviller, successeur de Marigny, avait entrepris de restaurer la grande peinture, en faisant des commandes aux artistes, et comme, depuis quelque temps, l'histoire de France avait été mise à la mode par la vulgarisation des travaux d'érudition, on alternait entre les sujets nationaux et les sujets antiques. Vincent fut chargé de peindre *Le président Molé résistant aux factieux pendant les troubles de la Fronde*. C'était de circonstance, car Louis XVI avait rétabli, quelques années auparavant, les Parlements supprimés par Louis XV, et il semblait de bonne politique, dans une époque déjà troublée, d'exalter leur fidélité dans le passé ou de flétrir les émeutes. Le tableau fut très loué. Fierté du dessin et du coloris, beauté d'exécution, chaleur d'âme, ces termes reviennent sans cesse dans les comptes rendus. Ils étonnent, quand on voit le *Molé*.

Au Salon de 1781, Vincent devança de plus de quinze ans David, en exposant *Le combat des Sabins et des Romains interrompu par les femmes sabines*[1]. Diderot écrivait : « Il est dans le ton du sujet; les figures sont bien dessinées, les draperies bien jetées, de beaux plis touchés avec finesse et sentiment; mais il est faible de couleur, il papillote... Point d'effet, une manière de faire sèche, mais du sentiment partout. » Puis Diderot, s'appropriant les critiques d'un salonnier, l'auteur du *Pourquoi*, reprochait assez étrangement à Vincent d'avoir fait ses femmes trop jolies, sous le prétexte qu'il « faut annoncer la force de l'âme par celle du physique ». En 1783, *Le Paralytique guéri* eut un grand succès : « M. Vincent et M. David peuvent être regardés comme ayant produit les chefs-d'œuvre du salon », écrivait un critique.

Pourtant, malgré ces succès répétés, Vincent, qui avait été agréé à l'Académie dès 1777, ne

1. Musée d'Angers.

devint académicien qu'en 1782, sur le tableau de l'*Enlèvement d'Orithye par Borée*, et adjoint à professeur qu'en 1785. Mais l'atelier particulier qu'il avait ouvert attirait la plupart des jeunes gens de valeur : Pajou fils, Meynier, Thévenin, Heim, Horace Vernet ; en cela encore il précédait presque David, comme chef possible d'une école. Seulement, à ce moment même, David exposait le *Bélisaire* et les *Horaces*, et l'opinion allait à lui d'un élan irrésistible, pendant qu'au contraire la renommée de son quasi rival fléchissait insensiblement. Si un critique avait l'idée saugrenue de comparer Vincent à Gluck, en déclarant que « le génie de M. Vincent ne le cède en rien au génie du célèbre auteur d'*Iphigénie en Tauride* et d'*Alceste* », d'autres écrivaient : « Les productions de M. Vincent ne sont pas aussi brillantes cette année que dans les salons précédents[1] ».

En 1789, il fit un grand effort et exposa *Zeuxis choisissant pour modèles les plus belles filles de la ville de Crotone*[2], sujet ingénieux, séduisant, et qui semblait fait pour un peintre, puisqu'il

---

1. De cette même période (1785-1791) datent six tableaux sur l'histoire d'Henri IV, commandés à Vincent par le roi et destinés à être reproduits en tapisserie. L'un d'eux, *Henri IV devant Paris*, se trouve au Palais de Versailles dans le cabinet d'un des conservateurs.

2. Musée du Louvre.

s'agissait de représenter de beaux corps de femmes. « L'idée en est aussi charmante que l'exécution, écrivait-on, mais ce tableau paraît plutôt l'effet d'un talent rare que celui d'un grand génie », et on observait « que M. Vincent ne paraît pas avoir assez d'enthousiasme pour peindre la beauté ». Observation parfaitement juste et qui fait toucher du doigt le vice capital de bien des artistes de cette génération : ils ne sentaient pas la splendeur du corps vivant, ils n'éprouvaient devant la nature que des sensations affadies, ils n'avaient qu'une vision terne et blafarde.

Avec la Révolution se termine, ou peu s'en faut, la carrière artistique de Vincent. Il exposa, en 1791, un *Pyrrhus sauvé*, qui d'ailleurs fut très mal accueilli, et, en 1795, *Guillaume Tell renversant la barque qui portait Gessler*, sujet « républicain » qui fut goûté et que le ministre de l'Intérieur, en 1799, attribua à titre de récompense nationale à la commune de Toulouse[1]; maigre cadeau, s'il en fut jamais. Pourtant, de cette époque, datent deux tableaux intéressants, le portrait de *Boyer-Fonfrède avec sa femme et ses enfants* (1801)[2] et la *Leçon de labourage*. Le por-

---

1. Dutilleux, *Le Musée spécial de l'École française à Versailles*. Réunions des Sociétés des Beaux-Arts des départements, 1895, p. 240.

2. Musée de Versailles.

trait de Boyer-Fonfrède est un bon spécimen de la peinture patriarcale, à la Rousseau et à la Diderot. La mère qui donne le sein, Boyer-Fonfrède « en posture d'époux, d'amant et de père », comme on aurait dit à l'époque, les enfants mêmes, groupés pour l'effet sentimental, composent quelque chose comme une « Sainte Famille » laïque, une Sainte Famille de la Révolution. Greuze et Fragonard ont peint aussi de ces scènes, mais avec un sentiment bien plus vibrant et d'un pinceau bien plus libre et plus éclatant. Car le tableau de Vincent, il faut l'avouer, est d'une touche froide et d'un coloris bien vitreux.

Nous en dirons autant d'un portrait d'Arnault[1], qui fut secrétaire perpétuel de l'Académie française. C'est encore une peinture sèche, mais l'attitude d'Arnault est très juste, et il y a dans l'œuvre un sentiment de vérité précise qui fait penser — de loin — à certains portraits de David ou d'Ingres.

Vincent ne pouvait échapper au contre-coup de la Révolution, qui bouleversa l'organisation

1. Il a été légué aux Musées nationaux par Mme veuve Rivière et figure à Versailles. Il est daté, signé et dédié : « A. Vincent à son ami Arnault, l'an IX, 1801 ». Le Conseil des Musées a accepté aussi le portrait de Mme Arnault par J.-B. Regnault, dont les œuvres connues sont rares, et qui vaudrait d'être étudié.

académique. Au début, il joua le rôle qu'on attend de lui, celui d'un réformiste mesuré, destiné précisément à être bientôt accusé de modérantisme; il eut alors à subir les attaques violentes de David, qui lui reprochait à la fois d'avoir des opinions politiques très molles et d' « empoisonner les élèves du virus académique ». Il fut cependant président de la commission chargée, en 1792, de répartir les travaux d'encouragement entre les artistes, puis fit partie de la commission du Muséum. Il traversa les années de la Terreur sans être inquiété. Enfin, dès la réorganisation de l'Institut, en 1795, il fut inscrit dans la classe de la littérature et des beaux-arts.

Membre de toutes les commissions, à plusieurs reprises, président ou rapporteur de la Section, aucun des honneurs académiques ne lui manqua. Volontiers on l'opposait à David comme chef d'un groupe centre-gauche, qui s'affirma lors des Prix décennaux en 1810. Estimé pour son caractère, aimé pour son aménité, apprécié pour ses opinions toujours sages, écouté, quoiqu'il parlât un peu trop, il conserva des élèves, eut des succès dans tous les concours de l'École, où du reste il professait. Mais néanmoins, c'était la retraite, une de ces retraites honorables et obscures, où parfois les Académies endorment doucement leurs membres les plus choyés. Il s'éteignit en 1816. Pendant ce temps, David, du même âge que Vincent, combattu par l'Académie, presque renié par l'enseignement officiel, s'épanouissait, se renouvelait et produisait quelques-unes de ses œuvres les plus fortes ou les plus originales : le *Sacre*, la *Distribution des aigles*, le portrait de *Pie VII*, même le *Léonidas*, qui — après tout — est un grand effort.

Et l'on voit bien par tout cela ce qui manquait à Vincent : la vigueur du tempérament, plus encore que les qualités de peintre. Né chétif, il le resta toute sa vie, et il donna l'exemple singulièrement rare d'un artiste qui, à cinquante ans à peine, en pleine maturité, perdit non seulement la faculté, mais le désir de produire. D'autre part, il s'était borné presque toujours à adapter son talent aux idées courantes. Lorsque la mode fut à la peinture d'histoire nationale, il fit des tableaux d'histoire nationale; lorsque le style antique triompha, il composa des tableaux dans le style antique; aux approches de la Révolution ou pendant la Révolution, il essaya de la peinture sociale, humanitaire ou républicaine; on a même de lui une esquisse de bataille, au moment où l'on se mettait à célébrer nos gloires militaires. Mais, quand il se vit débordé par l'art de David ou des élèves de David il ne résista ni ne se soumit; il préféra abdiquer.

Ainsi que la plupart de ses contemporains, c'était un homme du XVIIIᵉ siècle, et c'est là qu'il faut chercher son talent, qui fut réel. Ainsi que pour beaucoup d'entre eux, le meilleur de son art est dans les œuvres où il s'abandonna à lui-même : dans ses dessins, qui sont presque tous très vivants, quelques-uns vibrants, et dont le style est bien à lui; dans quelques portraits peints, ou dans deux ou trois tableaux anecdotiques[1]. On y retrouve une sorte d'aisance d'homme du monde, de la finesse, de l'esprit, quelque chose comme le ton d'une conversation aimable, qui court en se jouant sur les sujets. C'est un phénomène plus fréquent qu'on ne le croit, dans l'histoire des artistes, que la postérité reprenne celles de leurs productions auxquelles ni eux ni les contemporains n'attachaient le moindre prix, et que précisément leurs œuvres les plus ignorées de leur temps soient celles qui sauvent leur nom de l'oubli. On peut voir là une revanche des qualités natives sur les théories et de l'art sur la pédagogie ou sur la critique contemporaine.

---

1. Il a aussi composé des décors de théâtre pour une tragédie de *Lucrèce*, ainsi que l'indique une lettre fort curieuse de lui, conservée dans la collection Deloynes, t. LVI, n° 1706.

Suvée eut la chance de diriger l'Académie de France à Rome au moment où elle fut transférée à la villa Médicis[1]. Il a été ainsi, en 1903, quelque chose comme le héros éponyme assez imprévu d'un centenaire assez inattendu, et il est peut-être encore temps de parler de lui puisqu'il fut presque à la mode.

Joseph-Benoît Suvée était né à Bruges[2] en 1743; il vint à Paris vers 1763 et fut élève du peintre Bachelier; il eut le deuxième grand prix de peinture en 1768 et n'obtint le premier qu'en 1771, sur ce sujet : *Le combat de Minerve contre Mars*. Successivement, Vincent et Le Bouteux lui avaient été préférés en 1768 et 1769, et le concours de 1770 parut si faible que l'Académie ne crut pas possible de décerner la plus haute récompense. Il travailla encore un an à l'École royale des élèves protégés et partit pour Rome à la fin de 1772; il y resta jusqu'au milieu de 1778 et s'y trouva avec les peintres Vincent, Le Bouteux, Jombert, Lemonnier, Peyron, l'auteur d'une *Mort de Socrate* un moment remarquée, avec le sculpteur Delaistre, dont un groupe de *L'Amour et Psyché* est au Louvre, avec les architectes Renard, Rousseau,

---

1. Extrait de la *Gazette des Beaux-Arts*, 1903.
2. On le donne, sur quelques actes, comme natif d'Armentières, mais c'est une erreur.

qui a construit le joli palais dit aujourd'hui de la Légion d'Honneur. David, qui appartint à l'École à partir de la fin de 1775, fréquenta peu ses camarades et vécut assez isolé.

L'Académie était alors installée dans la *via del Corso*, où elle occupait le palais Mancini, appelé aussi palais de Nevers, demeure toute en apparence, où l'on ne pouvait guère recevoir que les douze élèves réglementaires; assez incommode, — le directeur se plaignait d'entendre au premier étage tous les bruits du second, qui était occupé par les pensionnaires; — assez pauvrement meublée, faute d'argent. A l'arrivée de Suvée, l'École avait pour directeur, depuis 1752, le peintre Natoire, à la fois autoritaire et sans autorité. Vien lui succéda en 1775, après un intérim d'un an, rempli par Hallé.

Sous Natoire cependant, comme sous Vien même, la vie des pensionnaires était agréable, parce qu'elle était fort libre. A part l'obligation sans cesse rappelée — preuve qu'elle était toujours enfreinte — de copier les maîtres ou d'étudier l'antique, ils étaient presque entièrement livrés à leur initiative, et ils en profitaient; l'usage des « envois de Rome » à l'Académie de Paris ne fut repris qu'à la fin de 1777, par Vien. La discipline matérielle n'avait guère plus de rigueur. Les élèves passaient pour bruyants, ils couraient volontiers les aventures, et le sage Vien écrira au surintendant qu'il a fait fermer une porte dérobée, trop commode pour certaines sorties nocturnes. Ils étaient souvent négligés dans leur mise, à ce point que Vien, toujours préoccupé du décorum, proposera, sans succès d'ailleurs, de leur imposer un uniforme, pour leur donner un peu plus de prestige. Vincent, dans les charges qu'il fit de la plupart de ses condisciples [1], s'en prit surtout au sans-gêne de leur tenue. En outre, nos Français, sortis souvent de familles très modestes, ayant reçu peu d'éducation, habitués de bonne heure au laisser aller de l'atelier, gardaient à Rome les habitudes de leur jeunesse, et il est bien certain que la plupart ne brillaient pas par l'élégance. Suvée, dont nous n'avons malheureusement la charge que de dos, apparaît bien engoncé dans un habit mal taillé et trop étroit, avec des jambes vulgaires, aux chevilles déformées. Il laisse l'impression d'un homme lourd et épais, impression qui se retrouve dans un crayon d'Ingres, fait à Rome trente ans plus tard [2].

1. Voir ci-dessus, p. 237.
2. Et où l'on croit voir un portrait de Suvée. Mais une gravure et le buste de Roland, de 1788, donnent une physionomie un peu différente, ainsi que le portrait de l'artiste par lui-même, qui est au Musée moderne de Bruges.

Du moins, ces jeunes gens avaient l'amour très
vif de leur art et Rome était alors faite pour les
passionner. Elle était à la fois majestueuse et
pittoresque, vivante et mélancolique, pleine de
souvenirs et de spectacles. Les monuments antiques laissés à eux-mêmes, les palais, les jardins se
délabraient, mais leur charme était précisément
dans leur vétusté, dans leur abandon, dans leur
solitude. Les élèves de l'École se promenaient et
regardaient beaucoup; ils s'efforçaient à copier
gravement des tableaux ou des statues, mais ils
prenaient aussi tout ce qui passait sous leurs yeux :
débris d'édifices, colonnes isolées, bosquets, fontaines, coins de parcs, scènes populaires, comme
on le voit par les quelques cahiers de croquis
conservés d'eux. S'ils quittaient Rome, c'était
surtout pour aller à Naples, où ils retrouvaient,
avec tous les souvenirs du passé, à Baies, à
Pouzzoles, à Capoue, autant qu'à Naples même,
une nature toute vibrante.

Or, quelques artistes, vers le milieu du XVIIIe siècle, avaient exprimé admirablement cette poésie
particulière de Rome et de l'Italie : Hubert Robert
et Fragonard, dans son charme, dans sa grâce,
dans sa fantaisie; le graveur italien Piranesi, dans
sa grandeur et sa puissance un peu déclamatoire.
A leur exemple, il se forma toute une école de

ruinistes, et c'est là un côté d'art italo-français qui vaudrait d'être étudié. Suvée semble avoir suivi la mode ; mais, dans les dessins qu'il est permis de lui attribuer [1], on constate un style plus lourd, plus efforcé ; la tendance était à ce moment d'introduire des scènes antiques, des soldats à la Romaine, au lieu des paysannes ou des marquises de Robert et de Fragonard : de la grande histoire vue par le petit côté.

Il travailla aussi à des œuvres plus sérieuses et paraît avoir rempli très sagement son rôle d'élève de l'École. L'Académie le louait ; en 1778, elle trouvait, dans son envoi d'un *Saint Sébastien*, « de la correction, de la finesse dans les tons, une touche spirituelle et exprimant la nature de chaque objet, et, en général, tous les détails bien soignés », tout en désirant « plus de chaleur dans la couleur et dans le pinceau ». Cela, on le désirera jusqu'au bout pour lui.

Il quitta Rome vers le mois de mai de l'année 1778 ; en juillet, il était à Venise, d'où il écrivait à son ami Lemonnier la lettre suivante, dont il

1. Cette question des attributions pour les dessins de cette époque est embarrassante. Le Louvre conserve, comme étant de Suvée, cinq ou six dessins au crayon noir de ruines ou de paysages, dont un signé ; ils ressemblent, avec moins de vigueur et de fermeté, à celui que nous reproduisons ici et qui nous semble un bon spécimen d'un art inspiré — et dévié — de Robert et de Piranesi.

PAYSAGE PSEUDO-ANTIQUE, PAR SUVÉE.

faut respecter toutes les incorrections pour lui laisser toute sa saveur.

Venise, le 13 juillet 1778 [1].

Je suis depuis jeudi au soir dans ce pays, mon cher, mais ma tête n'a pas encore quitté Rome, rien de ce que j'ai vu n'a pu me dédommager de ce que j'ai perdu. En m'éloignant de la capitale des arts, ce qui m'a fait le plus de plaisir jusqu'à présent ce sont quelques tableaux de Rubbens à Florence ainsi que quelqu'un du Titien et la madone della Sedia du divin Raphael, n'oublie pas quand tu sera à Florence de voir au palais Pitti, la Magdeleine demie figure du Titien. C'est un miracle de l'art quant à la couleur, la Vénus de Médecis [2] ne te surprendra pas moins et tout ce que renferme la tribune ou elle est placé, ce morceau passe tout ce que l'on pourait en dire, tu y verra une femme nue peinte par le Titien, si tu l'examine avant la statue, tu sera surpris de la délicatesse des contours et des graces singulières qui se trouvent répandues dans tout le tableau, mais ce charme s'éclipse quant on y compare l'ouvrage grec, la femme sède à la divinité; observe dans le même endroit un A. Caracci, c'est une espèce de baccante, de la maniere la plus fière, d'une couleur vraie et vigoreuse, elle est vue par le dos. D'autre portrait du Titien, de Léonard davinci, de Holbeens, etc, etc., décorent ce bel endroit, aussi bien que les Corrège, les Rimbrant, les Vanderwerf, les Schalken, Mieris, Gerarddou, etc., etc.

J'ai passé 6 jours à Florence ou pluttot au palais pitti et à la galerie. N'oubli pas d'aller voir le vieux palais, *palazzo vecchio*, on y conserve des ouvrages d'orfèverie

---

1. La date de 1778 pourrait avoir été ajoutée après coup.
2. En marge : « à la galerie ».

surprenantes, dans la salle en bas tu pourra te satis-
faire à voire une quarenteine de tableau de Vasari [1], il
y a des choses surprenante, c'est un maître que nous
ne connaissons pas à Rome ou du moins il ne s'y trouvent pas de ses œuvres apres les quels on pourrait
calculer son mérite.

De Florence, je suis allé à Bologne, je n'y ait resté
que deux jours, mais j'y ai vu infiniment de choses,
la chaleur y était si excessive, qu'il y avait de quoi
prendre une bonne maladie, j'ai parcouru les endroits
les plus intéressants de cette ville, mais je n'y ai rien
trouvé qui peut être préféré à ce que Rome possède
de cette école. Rome a été le téatre des grands hommes
et ils y ont laissé les témoignages les plus éclatants
de leur savoir; depuis que je suis à Venise, je ne
fais que courir, je rencontre des tableaux partout,
mais tous ne me plaisent pas, même ceux qui portent
avec eux des noms célèbres, le paulo Veronese est
dans beaucoup d'endroit de la plus grande beauté,
ainsi que le Titien, on voit cependant de ce dernier
peu de chose dont on pourrait tirer partis en le
copiant, tous ses tableaux sont si noirs qu'ils en
deviennent désagréable, j'ai monté sur plusieurs
autels pour le voir de près, je les ai trouvé de la plus
belle pate, d'un pinceau nerveux et de la plus vigou-
reuse couleur, le Rubens a étonnamment su tirer parti
de ces deux chef de lécole lombarde, il a jointe à la
delicatesse de paolo, la vigueur du grand tizien, tu
trouvera aussi des tableaux du vieux palme qui te
feront plaisir, je ne crois pas qu'il sera de même du
Tintoretto. *Bisogna che questo uomo fu arabbiato, sia
per la composicione, disegno, colorito ed ancore più nel
operatione del suo penello, mi bisogna guardare un silenzio*

1. En marge : « dans le plafond ».

*rispettuoso sopra certe opere che i cecoli hanno cele-
brato, ma.....* je ne sais quand je partirai d'ici, je
brule d'envie d'arriver à Paris pour me mettre à
l'ouvrage, il n'y a jamais que cela qui pourra faire
quelque diversion à la douleur singulière que je sents
depuis mon départ de Rome, je ne puis t'exprimer ce
que j'ai soufert en te laissant, ainsi que tous nos amis,
je ne saurai refusé ancore dans ce moment le juste
tribut que je dois a l'amité que j'ai toujours eu pour
mes camarades, je serais trop heureux si tous pouvaient être persuadés de la sincérité des sentiments
qu'ils m'ont inspiré.

Adieu, mon cher ami, je t'embrasse de tout mon
cœur et suis pour la vie ton ami.

SUVÉE.

Écrit moi à Paris à l'adresse de M. Rameau, rue de
la Monnaye même maison que M. Auguste orfèvre du
roi, tu peut si tu n'a pas d'occasion la donner à M. le
Chevalier de groulens à qui je te prie de faire mes
compliments. Ne manque pas d'assurer Mme et M. Vien
de mon respect, mille compliments a nos amis, je n'en
excepte aucun.

A peine revenu de Rome (il est vrai qu'il en
revenait âgé de trente-cinq ans), Suvée se fit
agréer à l'Académie, en mai 1779; il devint académicien en 1780, sur le sujet de *La liberté
rendue aux arts sous le règne de Louis XVI*[1], et

---

1. Il s'agit d'une allusion à un édit de 1777 qui, en réalité,
augmentait les privilèges de l'Académie. Le tableau fut exposé
au Salon de 1781. Diderot le décrit ainsi : « L'Étude, délivrée
des entraves dont elle était accablée, médite de plus grands
efforts : la Peinture lui montre l'édit qui constate cette heureuse

il exposa au Salon de la même année dix tableaux ou études, deux ayant 13 pieds (plus de 4 mètres) de long sur 10 de hauteur, un autre de 10 pieds sur 9. Ils représentaient *La Nativité ou l'Adoration des anges*, *La Naissance de la Vierge*, un *Saint Sébastien*, dont l'Académie avait loué en 1778 la « touche spirituelle », *Herminie sous les armes de Clorinde, rencontre un vieillard*, et comme on était fort sentimental et philosophe à cette époque, le livret ajoutait : *et s'étonne de sa tranquillité et de son bonheur, au milieu des horreurs de la guerre; le vieillard lui répond : ce n'est point sur les roseaux, c'est sur les chênes que la foudre tombe.*

L'exposition de Suvée eut un certain succès, surtout *La Naissance de la Vierge*. Un critique déclara que c'était son meilleur tableau et peut-être le meilleur du Salon, après l'*Hector* de M. Vien; qu'il y régnait une harmonie séduisante. Un autre : que c'était là un « tableau composé naturellement et sagement, une intelligence de lumière raisonnée, une couleur argentine vraie et

révolution et que la Renommée publie dans les airs. La Sculpture presse contre son sein le portrait du Roi, l'Architecture montre à une foule de jeunes élèves la route du Temple de Mémoire, etc. Cette composition plaît, ajoute Diderot, mais on en désirerait les caractères plus variés. » Il semble qu'il aurait mieux fait d'en signaler l'extrême banalité.

tranquille ». Un troisième : que le caractère sage
du style de Suvée et la fermeté de son exécution
semblaient lui promettre des succès constants;
un quatrième : que M. Suvée « s'annonçait très
bien par la Nativité du Sauveur, celle de la
Vierge et plusieurs autres bons morceaux[1] ».

Ces salonniers médiocres représentaient évidemment l'opinion moyenne du public, et ainsi
leur témoignage a de la valeur. Il est d'autant
plus intéressant pour nous que nous pouvons le
contrôler, au moins à propos de l'un des tableaux
exposés, de celui même qui fut le plus goûté : *La
Naissance de la Vierge,* placé aujourd'hui à
l'église de l'Assomption. C'est une grande toile,
un peu vide en dehors du groupe central qui ne
la remplit pas assez, mais où l'on trouve des
détails heureux, de jolis groupements, de la miè-
vrerie plus que de la naïveté, une couleur
agréable, un ingénieux agencement d'emprunts
faits à des œuvres connues : du talent, rien, bien
entendu, qui sente le génie.

Suvée fut nommé professeur-adjoint en 1781. Il
exposa, en 1785, une *Mort de Cléopâtre*; en 1787,
L'Amiral Coligny en imposant aux factieux, qu'il

1. *Ah! ah! Encore une critique du Salon! — Le Visionnaire ou
lettres sur les ouvrages exposés au Salon. — Coup d'œil sur les
ouvrages de peinture, sculpture... exposés au Salon de cette année...,*
par M. l'abbé Grosier. — *Le Mort vivant au Salon de 1779.*

accompagna des vers de *La Henriade*, alors célèbres :

Ma vie est peu de chose et je vous l'abandonne,
Frappez, ne craignez rien, Coligny vous pardonne.

puis, en 1792, il était nommé directeur de l'Académie de France à Rome; mais, outre qu'il fut incarcéré pendant la Terreur, le séjour de Rome fut impossible aux Français[1], tant que dura la Révolution, et Suvée n'y alla prendre ses fonctions qu'en 1801. Il trouva le palais Mancini dévasté, presque en ruine. Or, le gouvernement directorial avait déjà eu la pensée de mettre l'Académie à la Villa Médicis, bien plus vaste, bien mieux située sur les hauteurs du Pincio et entourée d'admirables jardins. Le contrat d'acquisition fut signé en 1803 et l'emménagement opéré en 1804. Suvée y présida et mourut à la villa, trois ans après, le 18 février 1807.

Mais, pendant les trente années qui s'étaient écoulées depuis qu'il était venu à Rome comme élève, la révolution artistique avait marché du même pas que la révolution sociale et Suvée était singulièrement débordé. On ne trouva guère à louer en lui que le mérite de s'être préservé jadis de la « contagion générale » dont avaient

---

1. D'ailleurs la place de directeur fut supprimée momentanément en 1793.

été atteints les artistes du xviiie siècle, et de n'avoir pas eu une « manière vicieuse » et qui offensât le goût. Si Le Breton, dans le rapport de 1808, signale sa « sagesse d'ordonnance », il lui reproche assez étrangement « d'imiter trop les plis des statues antiques, *ce qui était du moins préférable au style de ses maîtres* ». David, toujours brutal, l'avait, dit-on, qualifié d'ignare; cela voulait dire tout simplement que Suvée n'était point classique à la façon davidienne.

N'est-il pas permis de tirer de ces quelques renseignements certaines conclusions sur l'état d'esprit de Suvée et de ses condisciples et sur leur situation dans le xviiie siècle finissant? Ils se présentent à nous comme assez ignorants, naïfs, sensibles et sentimentaux, comme il convient au temps, mais (ce qui rachète tout) comme très sincèrement et vivement épris de leur art. Ils aiment encore beaucoup de choses, sans choix, sans grand discernement, mais aussi sans dogmatisme et sans pédantisme. Ils sentent les grâces de la nature, parée ou non, ils se passionnent pour tous les maîtres ou qui leur semblent tels, français, italiens, flamands, du xvie, du xviie ou du xviiie siècle, pour Rubens et Raphaël, pour Pierre de Cortone et Titien, pour Tiepolo ou Véronèse. Ils goûtent le pittoresque de Venise, le charme de Florence ; cependant Rome reste pour eux la grande éducatrice et ils commencent à se laisser prendre au classicisme : « La femme le cède à la Divinité. »

D'autre part, les doctrines nouvelles n'ont pas encore passé dans la peinture ou du moins ne la dominent pas. Sur les dix tableaux envoyés par Suvée au Salon de 1779, il n'y en a qu'un d'antique, et, à en juger par ceux qui nous sont restés, ils devaient être traités dans le style assagi ou plutôt refroidi des artistes du xviiie siècle. David est encore à Rome avec Vien et ne mettra que plus tard la main sur l'École.

Que ces artistes intermédiaires entre Boucher et David aient été de second ordre, on ne saurait le nier; ils le furent presque dès le début, car presque tous n'obtinrent le prix de Rome qu'à l'ancienneté; ils le restèrent, car aucun d'eux, même parmi ceux qu'on nomme, n'est sorti et ne sortira sans doute d'une demi-obscurité. Mais sont-ils entièrement responsables de leur destinée et n'ont-ils pas plutôt souffert d'être venus trop tard? Ils ne reçurent les enseignements de l'art du xviiie siècle qu'au moment où ceux-ci commençaient à s'user et à fléchir et, à la date où leur éducation se terminait, ils se trouvèrent en face d'un style tout nouveau et contradic-

toire — le plus contradictoire qui se puisse ima-
giner — avec les principes dont ils avaient été
nourris.

Ils ne furent de force ni à le combattre victo-
rieusement, ni à se l'assimiler; ils essayèrent d'y
accommoder leur manière et ne réussirent qu'à
la fausser. Ils perdirent toutes leurs qualités ou
ne les échangèrent que pour des défauts. Con-
ventionnel, même chez un homme tel que David,
l'art gréco-romain devint chez eux déplorablement factice, froid et banal. On en jugerait par
une œuvre de Suvée, dont nous ne pouvons
malheureusement donner ici la reproduction :
Dibutade ou l'Origine du dessin[1], qui figura au
Salon de 1791, et qui est si glaciale, si nue, si
vide dans sa recherche du style. De plus grands,
parmi les survivants du XVIIIe siècle, Moreau le
jeune, Greuze, Houdon, n'échappèrent pas à cette
fortune lamentable.

Pourtant, dans Suvée même, dans Vincent,
dans leurs contemporains et leurs amis, tout
n'est pas à dédaigner. Il suffit, pour leur être
indulgent, de les prendre dans les œuvres de
leur jeunesse, dans leurs dessins, dans leur art

---

1. Elle est au Musée moderne de Bruges avec d'autres peintures de Suvée. Cf. l'article de la *Gazette des Beaux-Arts* indiqué
ci-dessus, p. 248.

que j'appellerais volontiers instinctif. Alors on voit revivre dans ces légères esquisses quelque chose de ce XVIIIe siècle qui, semblable aux gentilshommes de l'ancien régime, conserva jusque dans son déclin des grâces surannées, mais encore séduisantes.

JEAN GOUJON ET PAJOU[1]

On sait que la fontaine dite des Innocents fut édifiée vers 1549 par Pierre Lescot et Jean Goujon, peut-être par Jean Goujon seul. Elle se composait primitivement d'une façade en équerre sur les rues Saint-Denis et aux Fers, avec une arcade seulement sur la première et deux sur la seconde (contrairement à ce qu'écrivent la plupart des auteurs). Il y avait cinq entrepilastres, où Goujon sculpta les cinq célèbres Naïades; les arcades portaient sur un soubassement, qu'il décora des bas-reliefs de néréides, tritons, aujourd'hui au Musée du Louvre.

Le monument, mal entretenu, se délabra; une

1. Communication faite à la Société de l'histoire de l'art français, le 12 avril 1907 (*Bullet. de la Société*, 1907), p. 37-42. Je la reproduis en y ajoutant seulement quelques menus détails.

curieuse gravure de Cochin [1] montre La Font
Saint-Yenne, le redoutable anti-vandale du
XVIIIe siècle, en contemplation devant le soubassement, encombré d'éventaires de marchandes,
pendant qu'un chien, — symbolique, — lève
irrévérencieusement la patte contre le mur. Lorsqu'une ordonnance royale décida, en 1785, la
désaffectation du cimetière des Innocents, on
démolit en même temps l'église des Innocents
et les maisons voisines de la fontaine, qui restait
ainsi isolée et menaçait ruine.

Quatremère de Quincy, qui préludait à son
rôle de pédagogue et de directeur artistique offi-
cieux, publia alors, dans le *Journal de Paris* du
31 janvier 1787, une longue lettre, où il exposait qu'on avait songé à « démembrer et dépecer
cette fontaine ». Il se défendait d'apporter « un
obstacle quelconque aux utiles travaux de voirie
proposés », et « d'élever le moindre murmure
contre les projets dirigés par l'œil bienfaisant
qui veille au bien public » (!), mais il demandait
que la fontaine fût transportée en entier, surtout
à « cause de la sculpture ». Les rédacteurs du
journal, qui avaient reçu, paraît-il, plusieurs

1. Musée Carnavalet. Estampes. Elle a été reproduite dans la
Gazette des Beaux-Arts (t. IV, p. 50), sauf le chien, dont l'attitude
sembla sans doute *impropre*.

lettres sur le même sujet, répondirent que « l'intention du gouvernement était parfaitement conforme au vœu de tous les amis des arts ».

En effet, dans le courant de 1787, le monument fut démonté pièce à pièce par les soins de l'ingénieur Six et des architectes Poyet, Molinos et Legrand, et placé au milieu du marché qui remplaçait le cimetière [1]. Seulement la forme en fut complètement changée ; ce fut, sauf pour les bassins inférieurs, celle d'aujourd'hui, c'est-à-dire un édicule carré, dont chaque face, cantonnée de pilastres, est partagée en deux par un pilastre central. Par conséquent, puisqu'il y avait désormais quatre faces et huit entrepilastres, il fallait huit bas-reliefs de Naïades au lieu de cinq. On s'adressa pour faire les trois qui manquaient au sculpteur Pajou, dont on considéra sans doute que le style avait quelque chose de « goujonnesque [2] ». Les bas-reliefs furent posés en

1. La bibliothèque de la Ville de Paris possède le procès-verbal des travaux de déplacement (mss., doss. IV, 3). On peut y constater qu'ils furent exécutés avec des soins minutieux et que les sculptures principales étaient intactes, sauf quelques détails minimes. Ce document est fort intéressant pour l'histoire du monument avant son déplacement. Quatremère de Quincy, dans le *Dictionnaire d'architecture*, prétend que la forme adoptée fut celle qu'il avait lui-même proposée.

2. Peut-être aussi avait-il pris le soin de se désigner à l'avance en se posant en défenseur de la conservation des monuments, à propos du monument du Pont-au-Change. On trouvera deux

1788[1]. Je laisse de côté, pour l'instant, ce qui concerne les tritons, néréides, etc., qui furent transportés au Louvre avant 1812 [2]. La question la plus intéressante est celle des trois bas-reliefs de Naïades ajoutés en 1788. Deux d'entre eux, ceux de la face méridionale d'aujourd'hui, appartiennent incontestablement à Pajou et constituent une œuvre originale.

Le troisième bas-relief, celui qui se trouve sur la face occidentale, à droite par rapport au spectateur, est-il également de lui? La plupart des auteurs l'affirment. Guilhermy et Montaiglon eux-mêmes sont formels, suivis, cela va de soi, par les livres de seconde main, par l'Inventaire des richesses d'art de la France [3], par l'Inventaire des œuvres d'art appartenant à la Ville de Paris [4].

lettres de lui dans le *Journal de Paris* des 28 janvier et 11 février 1787.

1. Pajou n'avait encore reçu, en 1789, que 600 livres sur un devis convenu de 9 000. Il est question de sa créance dans une lettre de Mme Pajou, publiée par notre confrère Stein (Réun. des Sociétés des beaux-arts des Départements, 1888). Le bureau de la ville et le lieutenant de police avaient dirigé et surveillé les travaux.

2. On les enleva, en les remplaçant par des reproductions en pierre, parce que l'eau qui coulait en jet dans les vasques les dégradait. Voir (cabinet des Estampes, Topographie) une gravure de Carré de 1790; Quatremère de Quincy, *Dictionnaire d'architecture*, t. II (dont la seconde partie, à partir de la p. 358, ne fut publiée qu'en 1820); le rapport de Molinos en 1812 (Bibl. de la Ville de Paris, mss., doss. IV, 3).

3. Paris, *Monuments civils*, t. I, p. 193-194.

4. *Monuments civils*, t. I, p. 72.

Ce n'était pas l'opinion de quelques-uns des écrivains antérieurs. Le *Pausanias français*, énumérant, en 1806, les œuvres de Pajou encore vivant, mentionnait :

> « A la fontaine des Innocens,
> « *Deux* grandes nayades,
> « Un bas-relief d'enfans et deux Renommées. »

D'autre part, Quatremère de Quincy écrit, dans la seconde partie de son *Dictionnaire d'architecture* [1] : « Quant aux sculptures du quatrième côté, l'auteur (Quatremère) indiquait (en 1787) le moyen de suppléer à Jean Goujon par Jean Goujon lui-même. C'était d'emprunter les deux figures manquantes au Louvre... Cet emprunt consisterait à faire mouler les figures et à les copier dans les entrepilastres du quatrième côté... Le quatrième côté, ajoutait-il, fut repris sur le dessin des trois autres, et, des deux figures qui manquaient, l'une a été copiée d'après un des bas-reliefs de la cour du Louvre par Jean Goujon. » Ce passage est plein de confusion, jusqu'à devenir incompréhensible, puisqu'il manquait en 1787 trois et non deux figures, et que le quatrième côté tout entier appartient à Pajou, on

---

1. *Dictionnaire d'architecture*, t. II, p. 476-477. Cf. la note de la page ci-contre.

vient de le voir. On en gardera l'observation essentielle, qui démontre déjà qu'une figure de la fontaine a été empruntée au Louvre.

Enfin Lenoir qui, dans la *Statistique monumentale de Paris* [1], décrit six bas-reliefs comme étant de Goujon, ne s'aperçoit pas qu'il n'y en avait que cinq dans la fontaine du XVIe siècle, et ne se demande pas d'où peut venir le sixième.

M. Henri Jouin [2] a dit certaines choses plus justes. Voici ce qu'il écrit dans son ouvrage sur Jean Goujon : « Le sculpteur de 1787 ne crut pouvoir mieux faire pour alléger sa tâche que d'emprunter à un des frontons du Louvre une figure modelée par Jean Goujon, dont la copie prit place sur le monument, remanié, du Marché des Innocents. Le stratagème est visible et aucun artiste ne sera tenté d'attribuer à Goujon (c'est cependant le contraire qui ressort de l'argumentation même de M. Jouin) la nymphe qui se distingue des autres par l'absence de l'urne symbolique... On se montre sévère, ajoute-t-il, à l'endroit des nymphes de Pajou. Le travail en est délicat, mais Pajou n'a pas l'adresse de

1. T. I, p. 264. La planche IV de la Fontaine des Innocents dans le t. II place parmi les figures du XVIe siècle celle dont nous discutons l'attribution à Pajou.

2. Henri Jouin, *Jean Goujon* (Collection des artistes célèbres), p. 52 et 90.

Phot. Giraudon.

FIGURE DE JEAN GOUJON
SUR LA
FAÇADE DU LOUVRE.

LA MÊME ARRANGÉE PAR
PAJOU A LA
FONTAINE DES INNOCENTS.

PLANCHE XV.

Page 268.

Goujon. » Plus loin : « Cette figure empruntée est celle qui se voit à l'œil-de-bœuf du milieu sur la façade de Lescot et qu'on désigne, non sans hésitation, sous le nom de la Paix ».

Il semble que M. Jouin n'a pas tiré de la constatation qu'il a faite le parti qu'elle comportait et que son exposé doit être complété, précisé ou rectifié sur certains points. Je n'insiste pas sur le fait que la figure de Pajou a bien été empruntée à un des œils-de-bœuf et non pas, comme M. Jouin le disait d'abord, à l'un des frontons de la façade de Lescot. J'aime mieux montrer comment elle a été, pour ainsi dire, surmoulée sur le bas-relief de Goujon. Celui-ci et celui de la fontaine se trouvant en moulage à la galerie d'art moderne de la Sorbonne, j'ai pu faire de très près des rapprochements très minutieux. J'ajoute que les deux photographies qui ont été prises par M. Martin Sabon, dont nous connaissons tous et mettons si souvent à contribution l'obligeance inépuisable, facilitent singulièrement la démonstration.

Les quelques différences entre les deux figures s'expliquent par la nécessité d'adapter la Paix à sa destination de Naïade et à la place qu'elle devait occuper, plus étroite que celle du Louvre. Pajou s'est tiré fort prestement de la difficulté, il a supprimé l'épée, qui est à vrai dire un sabre, et (s'inspirant ingénieusement d'un bas-relief de la fontaine elle-même) il a ramené sur la tête de la Naïade le bras qui la tenait. Il a supprimé les palmes, mais laissé la rame, qui se voit sur d'autres bas-reliefs de la fontaine; enlevé le globe qui n'avait rien à faire en la circonstance, coupé enfin les ailes et les parties de la robe qui auraient débordé. Tout cela est habile et spirituel. Pour le reste, il y a identité absolue entre les deux bas-reliefs; même hauteur, même disposition, même technique, même manière dans les moindres détails de plis, de doigts, *ad unguem*, etc. Le travail a été exécuté sur un moulage, il n'en faut pas douter, et peut-être tout simplement par un praticien. L'artiste, une fois donné le croquis rectifié, n'avait plus rien à y voir [1].

Une dernière observation. Tous les auteurs qui ont cru que les trois figures ajoutées étaient de Pajou n'ont pas manqué, sans distinguer entre elles, d'opposer l'artiste du XVIᵉ siècle à l'artiste

1. M. Stein, dans une communication à la Société de l'histoire de l'art français (Bulletin de 1910, p. 332-335), a cru pouvoir établir que Pajou a sculpté trois figures de naïades (et non deux) pour la fontaine. Oui, mais c'est une simple question de mots, puisqu'il reconnaît lui-même que la troisième figure était empruntée à Goujon; d'ailleurs le document figuré que nous reproduisons est irréfutable.

du XVIIIe. Quelle différence! Comme on sent bien que...! Chose curieuse, ils avaient presque raison, mais non pas du tout comme ils le croyaient.

C'est qu'en effet la Paix (du Louvre), s'il faut lui conserver ce nom, est une œuvre très inégale. Si le modelé de la poitrine est fort beau et savoureux, on serait tenté de critiquer les pieds et la main qui tient la rame, dont les formes sont massives et vulgaires (et si différentes des mains et des pieds de la Naïade voisine), ou la figure aux traits plutôt épais.

Il ne reste qu'une ressource : de supposer qu'elle n'est pas de Goujon, au moins pour l'exécution. Et M. Jouin, non sans se contredire un peu [1], a pu écrire : « Nous serions porté à croire que la Paix n'est pas de Jean Goujon, si même il a fait plus que d'en esquisser le modèle. » C'est un problème à reprendre, à propos de la décoration de la façade du Louvre, où la part de l'inconnu est grande.

En laissant de côté cette question particulière, la courte étude que nous venons de faire précise au moins certains détails relatifs à la fontaine des Innocents, un monument parisien par excellence.

---

1. *Jean Goujon*, p. 90. Voir ci-dessus ce qu'il a dit à la page 52 de son *Jean Goujon*.

Peut-être aussi montrera-t-elle à quel point il faut se défendre des partis pris dans les appréciations artistiques. N'a-t-on pas vu la même œuvre de Goujon admirée, quand on la trouvait au Louvre, et dénigrée, quand on la voyait à la fontaine des Innocents et qu'on la croyait de Pajou?

LA

MÉGALOMANIE DANS L'ARCHITECTURE
A LA FIN DU XVIIIᵉ SIÈCLE[1]

Quatremère de Quincy a écrit, dans l'*Éloge de l'architecte Chalgrin* : « Nous ne craindrons pas de le répéter, la grandeur physique est une des principales causes de la valeur et de l'effet de l'architecture. La raison en est que le plus grand nombre des impressions produites par cet art tiennent au sentiment de l'admiration. Or, il est dans l'instinct de l'homme d'admirer la grandeur, dont l'idée se joint toujours dans son esprit à celle de puissance et de force.[2] »

Quand il s'exprimait ainsi, en 1816, Quatremère reprenait des idées exposées par lui bien des

1. Conférence faite au Salon des Artistes français, le 27 mai 1910 (publiée dans *L'Architecte* en décembre 1910).
2. Quatremère, *Notices historiques*. t. I, p. 18.

années auparavant et qui participaient d'ailleurs de l'état des esprits à la fin du XVIIIe siècle.

On sait que, vers 1750, dans le mouvement de réaction qui se produisit contre l'art Louis XV, ce fut encore à l'antiquité que l'on revint, pour y chercher des règles et des modèles, comme on l'avait fait tant de fois depuis la Renaissance. Les artistes, reprenant les traditions du XVIe et du XVIIe siècle, ne lui demandèrent d'abord que des leçons de raison, de mesure, d'harmonie. Lorsqu'on songeait à l'architecture antique, et l'on ne connaissait encore que l'architecture romaine, on ne la voyait et on ne l'étudiait que dans l'abstraction de ses ordres ou dans ses éléments analytiques : entablements, chapiteaux, moulures, etc. A prendre Palladio, Vignole, les théoriciens français, ou à se rappeler quelle place tenaient dans les règles architecturales les trois colonnes isolées du temple dit de *Jupiter Stator*, on sent tout de suite à quel point on avait cessé d'étudier l'organisme des édifices ou leur milieu pittoresque.

Or, on s'aperçut, comme tout d'un coup, qu'il y avait dans l'art romain autre chose que des colonnes, des chapiteaux, des frises ; que, raffiné dans la décoration, il était puissant dans la construction ; qu'il avait conçu et réalisé des monuments colossaux, gigantesques. On découvrit, pour ainsi dire, la Basilique de Constantin, les masses énormes du Palatin et des Thermes de Caracalla.

Le révélateur de cette antiquité presque inconnue ou méconnue fut Piranesi. Dès 1756, il avait commencé la publication de son grand ouvrage sur les antiquités de Rome. En 1761, il faisait paraître deux volumes portant ce titre significatif : *Della magnificenza ed architettura de' Romani*. C'était la glorification non seulement de l'art, mais de la magnificence romaine.

Piranesi, qui est un graveur d'une originalité singulière et d'une technique hardie jusqu'à la témérité, est aussi un artiste d'imagination, de sensation. Il voit plus grand que nature; même les reproductions d'édifices étudiés de plus près prennent chez lui un aspect disproportionné. Il suffit de parcourir ses planches du Môle d'Hadrien, du Palais des Césars, du Colisée, pour se rendre compte de cette sorte d'amplification épique. Il traite l'architecture non pas en archéologue, mais en décorateur.

Et puis il compose de toutes pièces des reconstitutions, où sa fantaisie ne s'enferme plus dans les limites du possible. En tête du tome II, il dessine une voie Appienne, où s'accumulent des tombeaux et des monuments de tous les styles, conçus en dehors du réel, ou bien il invente des édifices : salles à perte de vue, intérieurs mystérieux et sombres de prisons, où des condamnés agonisent dans les supplices, palais incommensurables.

L'ouvrage de Piranesi eut un très grand succès et fut répandu dans toute l'Europe entre 1760 et 1770.

Ainsi toute la vision esthétique et historique fut changée; c'était précisément l'époque où les écrivains commençaient à célébrer les vertus héroïques, austères, des Romains de la République. Rome apparut comme ayant surtout donné au monde un spectacle de puissance et de grandeur. Comme on découvrait, au même temps, le dorique primitif, celui de Pæstum, et l'art égytien, fondés l'un et l'autre sur la même conception de solidité grandiose, les artistes furent amenés à envisager l'art à travers un nouvel idéal.

Et cela d'autant plus que ces sentiments s'accordaient en partie avec ceux des contemporains. Sous l'influence de Rousseau, de Diderot, plus tard de Bernardin de Saint-Pierre, la littérature subordonnait la raison à la sensation; elle se faisait grandiloquente, déclamatoire. Il se produisait partout une surexcitation, une exaltation, qui emportait les âmes hors d'elles-mêmes.

Les artistes furent partagés, mais encore plus entraînés. En même temps que durait l'architecture délicate, rythmique, qui caractérise le style Louis XVI, un style se créa, qui se réclamait aussi du classicisme antique, mais qui y cherchait des modèles de force.

Ils affirmèrent d'abord le principe de l'imitation des choses romaines. Sans insister sur le Panthéon de Soufflot, édifice composite, qui tient de l'Italie et de l'antiquité, notons ces déclarations de l'architecte Marie-Joseph Peyre : « J'ai tâché d'imiter, dans différents projets que renferme cet ouvrage, le genre des plus magnifiques édifices élevés par les Romains ». — « Les Romains ont tellement surpassé les autres peuples que c'est avec raison que toutes les nations cherchent à découvrir... quels étaient leurs principes[1]. »

Une des constructions les plus remarquables et les plus caractéristiques est certainement celle des *Écoles de Chirurgie* (aujourd'hui Faculté de Médecine), commencée sous Louis XV, achevée sous Louis XVI, parce qu'elle montre, chez le même artiste, les deux tendances qui se partageaient les esprits. L'auteur en fut Gondoin (1737-1818), et il en publia la description en 1780, dans un

1. *Œuvres d'architecture de Marie-Joseph Peyre*, in-folio, 1765, Bibliothèque Nationale, Cabinet des estampes, Ha, 60.

ouvrage très somptueux[1]. Dès la préface, il invoque, lui aussi, les anciens. « Convaincus que les monuments des Grecs et des Romains, par leur magnificence, leur pureté, leur grandeur, enfin par leur perfection, doivent servir d'exemples et de guides, nos ancêtres en ont fait leur unique étude; mais, timides imitateurs, ils n'ont osé s'élever jusqu'aux idées primitives... »

Gondoin veut donc revenir à la pureté primitive et il ne voit pas dans les ordres — il le dit ailleurs — la loi unique de l'architecture.

Pourtant il introduisait encore sur la façade une colonnade avec une frise décorée à la façon du XVIIIᵉ siècle, et il conservait dans le portique du fond de la cour le corinthien, si employé à la même époque. Mais le grand amphithéâtre des cours publics et les vomitoriums qui y donnent accès rappelaient singulièrement — à petite échelle — le Colisée, le Panthéon et les monuments analogues. Du reste, l'inscription qu'on y avait apposée montrait qu'on y avait pensé :

Ad cædes hominum prisca amphitheatra patebant...[2].

----

1. *Description des Écoles de chirurgie... par M. Gondoin, architecte du Roi, dessinateur des meubles de la Couronne,* in-folio, 1780 (tiré à 100 exemplaires), cabinet des Estampes, Ha, 47.

2. « Les anciens amphithéâtres s'ouvraient pour les meurtres humains; maintenant ils sont consacrés à guérir les maux des hommes. »

La partie la plus curieuse était la place ménagée devant la façade : on y voyait l'église Saint-Côme (Cordeliers), avec un portique dorique, et une prison aux murs massifs[1] presque sans ouvertures. C'était la prétendue Rome du premier Brutus ou des Tarquins, celle des futurs tableaux de David, transportée à Paris. Il est fâcheux que cette partie du projet n'ait pas été exécutée. C'eût été un coin de Paris vraiment original.

On n'allait pas en rester là ; à cette recherche de la solidité, de la force, allait se joindre, chez beaucoup d'artistes, celle du gigantesque, ou de l'énorme. Ils allaient tendre à faire de l'architecture un moyen d'exciter, de surexciter les sensations. Ils ne reculèrent même pas toujours devant des conceptions étranges, presque fantasmagoriques.

Ces tendances se retrouvent de façon saisissante dans l'œuvre d'un architecte peu connu : Louis-Étienne Boullée (1728-1799). Il avait été élève du peintre Pierre et de l'architecte Legeay.

1. Quatremère de Quincy, là encore, doit être lu. Il s'exprime ainsi à propos de Chalgrin : « M. Chalgrin... savait que le tribut de l'admiration ne se paie jamais qu'aux monuments où domine le sentiment ou l'idée du grand. Il savait aussi qu'outre cette grandeur, dont l'architecte ne peut pas toujours disposer, il en est une autre, c'est celle qui résulte de la solidité, non pas seulement réelle, mais apparente, de la construction, car la solidité suffisante ne suffit pas ; il faut qu'il y ait du trop... » (*Notices historiques*, t. I, p. 19).

Il construisit quelques hôtels à Paris, donna en 1754 les dessins des deux chapelles du transept et de l'autel du Calvaire de l'église Saint-Roch; il entra à l'Académie d'architecture en 1762. Toutes les œuvres de la première partie de sa vie sont conçues dans le style dit classique du xviiie siècle.

Puis ses idées se transformèrent; il avait pris de Servandoni, prétend Quatremère, l'habitude « de voir grand ». Il vit surtout colossal et souvent étrange.

Ses contemporains ont dit de lui qu'il « tonnait contre le mauvais goût », qu'il voulait « réveiller le génie du profond assoupissement où il était plongé ». « Nos édifices, écrivait-il, devraient être en quelque sorte de vrais poèmes. Les images qu'ils offrent à nos sens devraient exciter dans nos cœurs des sentiments analogues à leur destination. » Nous savons aussi qu'il avait inventé « l'architecture des ombres... art de disposer les masses des édifices, de telle manière que leurs saillies et le contraste de leurs formes produisent les effets de lumière les plus propres à charmer la vue ». Voilà bien des choses : de la poésie, du sentiment, du pittoresque, sans compter le grand et le solide.

Dans un esprit qui paraît assez fumeux et

LA MÉGALOMANIE DANS L'ARCHITECTURE.

PROJET POUR LA PLACE DE L'ÉCOLE DE MÉDECINE, PAR GONDOIN.

PROJET DE BIBLIOTHÈQUE, PAR BOULLÉE.

amphigourique (ses adversaires, au temps de la Révolution, le qualifièrent d' « espèce de fou en architecture »), elles produisirent une série d'œuvres, non pas exécutées il est vrai, mais étudiées à l'état de projets très poussés, dont quelques-unes déconcertent au premier abord.

La façon même dont la plupart nous sont présentées les classe, à elle seule, dans l'ordre des exceptions. Elles sont contenues dans des volumes d'un format hors de proportion, le plus grand qui se rencontre au Cabinet des Estampes[1].

La première en date est peut-être un *Mémoire sur les moyens de procurer à la Bibliothèque du Roy les avantages que ce monument exige* (1785)[2]. Singuliers avantages : Boullée concevait la grande salle de la future bibliothèque sous la forme d'une basilique, dont la voûte en berceau semble hypèthre à son centre ; à l'extrémité s'élevaient deux parvis en style d'arcs de triomphe. Les livres étaient rangés sur des rayons que surmontait un ordre de colonnes, et Boullée ne manquait point d'introduire dans cette immense basilique des personnages costumés à l'antique.

On devine ce qu'il pouvait faire du château de

1. Bibliothèque Nationale, Cabinet des Estampes, H*a*, 55, 56, 57, in-folio maxim. (dessins).
2. Cabinet des Estampes, H*a*, 43, in-folio (gravure) et 55 (dessin).

Versailles, lorsqu'il présenta un projet pour le « restaurer ». Il n'en restait rien. L'ancien palais était comme enseveli au milieu d'un amoncellement de constructions nouvelles, écrasé sous des coupoles, des combles à frontons, surchargé de colonnades.

Cette imagination, où il entrait du fantastique, devait se trouver à l'aise dans l'architecture funéraire. Boullée a dessiné une entrée de cimetière faite d'un énorme mur, devant lequel se dressent deux obélisques et que la lune éclaire d'une lueur mystérieuse; une chapelle des morts colossale; un monument funéraire « caractérisant le genre d'une architecture ensevelie », etc. On y voit des masses pyramidales, des temples de Pæstum, des Panthéons d'Agrippa, et toujours un dessin dont l'effet est cherché dans les contrastes d'ombres épaisses et de lumières blafardes[1].

Une église métropole devient chez lui un gigantesque Panthéon à deux rangées de colonnes intérieures, que surplombe une coupole démesurée. L'édifice se prolonge à perte de vue, à droite et à gauche; il comporte deux, trois, quatre façades. Les fidèles qui le fréquentent sont vêtus à la romaine.

---

1. Cabinet des Estampes, Ha, **57.**

La Révolution, avec son effervescence de sentiments et sa grandiloquence, devait trouver en Boullée un interprète tout préparé. S'il appartint politiquement au parti modéré, jusqu'à être accusé de royalisme, son art exprima quelque chose de l'âme des hommes de la Constituante, passionnés pour l'antiquité, qui leur apparaissait avant tout comme éprise de grandeur, de force et d'austérité.

En 1790 ou 1791, il fit le projet d'un *Monument des Droits de l'Homme;* la façade, énorme de longueur, se composait d'une paroi presque nue, percée seulement d'une porte étroite. Pour toute décoration, elle devait recevoir le texte de la Déclaration des Droits, inscrit sur les tables de la Loi, des faisceaux de licteurs et, à son couronnement, quatre-vingt-trois personnages tenant chacun une table de Loi. Deux colonnes trajanes se dressaient aux extrémités[1]. Au même ordre

---

1. Gatteaux propose ce projet de monument pour glorifier la Révolution : « Le monument présente une colonne majestueuse de 300 pieds d'élévation... cette colonne est un faisceau composé d'autant de lances qu'il y a de départements... Dans le monument une galerie incombustible de 120 pieds de circonférence, qui servira de dépôt à tout ce qui serait relatif à la Constitution » (Cabinet des Estampes, Ha, 66 *b*). Les projets exposés en 1795 avec ces titres : 2001, Elysée sur un terrain où ont été déposées les victimes de la Tyrannie, par Bienaimé; 2058. Arc de triomphe en souvenir de la journée du 6 octobre, par Sobre; 2062; Monument en l'honneur des quatre armées de la République, par Voirier, devaient être du même goût.

d'idées se rattachent des projets pour un *Palais municipal*, un *Palais de Justice*, une *Porte de Ville*, etc.

A une époque qui se faisait gloire d'honorer les bienfaiteurs de l'humanité, à quelque nation qu'ils appartinssent, Newton jouissait d'une grande popularité. Boullée composa le dessin d'un cénotaphe en son honneur. Monument étrange : à l'extérieur, c'était une immense sphère qui, d'après l'échelle fournie par les personnages, aurait eu 100 à 200 mètres de diamètre, et qui n'était percée que d'une porte basse. A l'intérieur, elle était creuse et presque vide : une sphère céleste suspendue en haut, un autel placé en bas, voilà tout. On songe presque à la phrase de Bossuet : « L'infini de ces sphères augustes m'épouvante ». Il y avait là certainement une pensée, elle n'avait qu'un tort : de ne pas être architecturale, étant irréalisable[1].

Si Boullée n'avait été qu'une individualité isolée, aventureuse, il ne mériterait pas qu'on lui fasse une place autre que parmi les originaux de l'art. Mais il garda jusqu'à la fin de sa vie une

---

1. Un projet du même genre fut présenté par Delépine et obtint le grand prix d'architecture en 1789 : une énorme calotte où l'on accédait par cinquante marches.

certaine réputation; il fit partie de l'Institut lors de son organisation en 1795.

Bien plus, beaucoup de ses conceptions se rencontrent chez d'autres artistes et ne constituent en somme qu'une application exagérée, désordonnée, si l'on veut, des idées du temps. On les retrouve dans des projets couronnés aux concours de l'Académie d'architecture : une *Ménagerie* en 1783, un *Cénotaphe* en 1785, etc. Quand Ledoux (1736-1806) publie, en 1804, *L'Architecture considérée sur le rapport de l'Art, des Mœurs et de la Législation,* ce titre ambitieux exprime autant les prétentions de quelques-uns de ses confrères que les siennes propres. Les lourdes — et puissantes — barrières dont il entoura Paris en 1782 sont conformes aux principes qu'exposait Quatremère, lorsqu'il voyait dans la solidité une des conditions de la beauté architecturale. Ses bâtiments pour la ville de Chaux en Franche-Comté ont quelque chose de baroque surtout par le désaccord entre leur destination (atelier pour la fabrication du sel, bains publics, « maison d'une marchande de modes ») et leur style, mêlé de romain, de grec et d'égyptien. Mais la place projetée devant l'École de médecine était-elle moins mélangée de moderne et d'antique?

Des architectes, d'esprit plus rassis que Boullée,

étendaient aussi leurs conceptions jusqu'au point
où elles sortent presque du domaine des réalités
possibles. C'est le cas des projets présentés pour
un palais de la Convention. On y voit la place
de la Révolution (de la Concorde) transformée en
un cirque, les deux colonnades du Garde-Meuble
reliées par un arc triomphal, auquel fait pendant
un autre arc du côté de la Seine, la terrasse des
Feuillants convertie en palestre avec portiques, etc.

L'architecte Bélanger, qui pendant longtemps
avait représenté l'art néo-classique à la façon des
artistes des dernières années de Louis XV, entreprit plus tard de se mettre à la mode contemporaine; il proposa le dessin d'un « Théâtre des Arts
et Temple d'Apollon, avec une colonne triom-
phale érigée aux sciences, aux arts et... aux vertus
républicaines ». On trouve autant de choses dans
le dessin que dans le titre même : une colonne
trajane, un temple, un théâtre demi-circulaire,
des portiques.

Desprez (1743-1804), qui fut à la fois architecte,
peintre et dessinateur, alla presque jusqu'au
romantisme naissant. Pensionnaire du Roi à Rome
en 1779, il représenta, en les dramatisant, le
Temple d'Isis au moment de l'éruption du Vésuve
en 1779, les Catacombes de Rome et les réunions
mystérieuses des premiers chrétiens.

Mais ses dessins les plus curieux sont un *Embrasement de Sélinonte par Annibal :* le port encombré de vaisseaux qui s'entrechoquent, dans le fond une accumulation de monuments à la Piranesi, et partout des lueurs sinistres, la flamme s'élançant vers le ciel. C'est une sorte de Turner. Ailleurs, il se plaît à figurer le squelette d'un fantastique quadrupède ailé à trois têtes, dont une, à bec d'oiseau de proie, dévore un homme; « d'après le *Jugurtha* de Salluste ». Enfin, il compose deux projets de tombeau, où se mélangent le style prétendu romain et le style prétendu égyptien. Dans l'un figurent la Mort, en squelette drapé, et un cadavre tenant une boule et un sceptre; dans l'autre un sphinx et le cadavre étendu, avec d'énormes pieds qui dépassent le linceul.

On dira peut-être que ce style ou plutôt ces essais ne durèrent qu'un moment sans laisser de traces, et que l'architecture s'assagit, en même temps que les agitations révolutionnaires s'amortissaient dans la stabilité de l'Empire. Cela est vrai, mais en partie seulement. Car la Bourse de Brongniart, la façade du Corps législatif de Poyet, la Madeleine et tant d'autres édifices projetés ou réalisés le furent sous l'inspiration d'un idéal qui s'exprimait encore par l'affirmation de la beauté solide, ample, austère, à l'imitation de l'antiquité davidienne.

Il y a plus et il y a mieux. Parcourez les dessins de Ledoux, de Gondoin, de Peyre, de Bélanger, dégagez-les de ce qu'ils contiennent d'exagéré, d'exubérant, d'exaspéré pour ainsi dire, mais gardez-en l'effort vers la grandeur et aussi le sentiment épique dont ils sont animés : vous avez l'Arc de Triomphe, dont Chalgrin fixa le style et donna le modèle, un édifice qu'il faut comparer à l'Arc de Triomphe du Carrousel pour en sentir le caractère véritablement grandiose, et qui ne s'expliquerait peut-être pas sans les tentatives de Boullée ou de quelques autres. Or c'est précisément à propos de l'Arc de Triomphe que Quatre-mère, le théoricien avéré du classicisme de l'époque, a développé les idées qui lui étaient chères sur la grandeur à la fois apparente et réelle.

Ce n'est pas tout. S'il faut voir dans le romantisme, avec tant d'autres éléments, l'exaltation des sentiments, la recherche de l'effet violent, du fantastique, même du macabre, l'art que nous venons d'étudier nous offre parfois quelque chose de semblable. Contraste singulier au premier abord, cette architecture, tout en se rattachant à l'antiquité, confine à l'esprit romantique, puisqu'elle est surtout l'expression d'un tempérament individuel échappant à la rigueur des règles et à l'empire absolu de la raison.

Mais, à regarder les choses de près, ne pourrait-on pas dire que l'esprit romantique est, par certains côtés, une adaptation particulière du classicisme?

TABLE DES GRAVURES

Planches.

    I. Miniature du Livre d'heures d'Anne de Bretagne.   28

   II. Portrait de femme, par Botticelli.   44

  III. Cariatides de Raphaël au Vatican   60

           Tribune de la salle des Cariatides au Louvre.   60

   IV. Figure antique de l'album de Jacques   70

    V. Château d'Anet.   86

           Façade du Louvre de Lescot   86

   VI. La chasse de Diane, du Dominiquin (fragment). 114

           Anchise et Vénus (galerie Farnèse). 114

  VII. Une page du cours d'architecture de François Blondel . . . 134

 VIII. Le Panthéon de Rome, d'après Desgodetz. 156

           Une frise du Panthéon. 156

   IX. Les ordres d'architecture. 188

    X. Athalie chassée du temple, d'Ant. Coypel. 204

   XI. Une pastorale de Boucher 220

  XII. Une idylle de Gessner 230

 XIII. Portrait-charge de Suvée, par Vincent. 238

 XIV. Paysage pseudo-antique, par Suvée. 252

  XV. Une figure de Goujon à la façade du Louvre 268

           La même arrangée par Pajou à la fontaine des Innocents . 268

 XVI. La place de l'École de Chirurgie d'après Gondoin. 280

           Projet de Bibliothèque par Boullée 280

TABLE DES MATIÈRES

Les origines des temps modernes et la Renaissance . . .   1

Un chroniqueur français en Italie au temps de Louis XII.
   Jean d'Auton (1499-1508).   33

Jean Goujon et la salle des Cariatides au Louvre   51

Les origines de l'art classique en France.   79

A propos des Carrache et de l'art italien du XVIIe siècle. .   107

Les débuts de l'Académie royale d'architecture (1671-1699).   121

Les origines de l'art du XVIIIe siècle   197

A propos des « Pastorales » de Boucher   215

Notes sur les peintres Vincent et Suvée.   233

Jean Goujon et Pajou   263

La mégalomanie dans l'architecture à la fin du XVIIIe siècle.   273

906-12. — Coulommiers. Imp. Paul BRODARD. — 11-12.